AF275202

COLEX

Disfrute gratuitamente **DURANTE UN AÑO** del eBook de esta obra

Prevención de riesgos laborales en el sector de la construcción. Paso a paso

⊛ Acceda a la página web de la editorial **www.colex.es**

⊛ Identifíquese con su usuario y contraseña. En caso de no disponer de una cuenta regístrese.

⊛ Acceda en el menú de usuario a la pestaña «Mis códigos» e introduzca el que aparece a continuación:

RASCAR PARA VISUALIZAR EL CÓDIGO

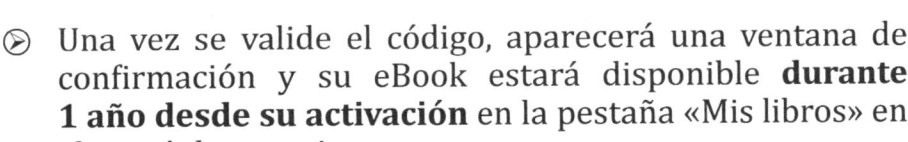

⊛ Una vez se valide el código, aparecerá una ventana de confirmación y su eBook estará disponible **durante 1 año desde su activación** en la pestaña «Mis libros» en el menú de usuario.

¡Gracias por confiar en Colex!

La obra que acaba de adquirir incluye de forma gratuita la versión electrónica. Acceda a nuestra página web para aprovechar todas las funcionalidades de las que dispone en nuestro lector.

Funcionalidades eBook

Acceso desde cualquier dispositivo

Idéntica visualización a la edición de papel

Navegación intuitiva

Tamaño del texto adaptable

Síguenos en:

PREVENCIÓN DE RIESGOS LABORALES EN EL SECTOR DE LA CONSTRUCCIÓN

Todas las claves para la prevención de riesgos laborales en el sector de la construcción

PREVENCIÓN DE RIESGOS LABORALES EN EL SECTOR DE LA CONSTRUCCIÓN

Todas las claves para la prevención de riesgos laborales en el sector de la construcción

2.ª EDICIÓN 2024

Obra realizada por el Departamento de Documentación de Iberley

COLEX 2024

SUMARIO

ANEXO. FORMULARIOS

1.
PREVENCIÓN DE RIESGOS LABORALES EN EL SECTOR DE LA CONSTRUCCIÓN

En determinadas actividades, la existencia de legislación específica, características del sector o importancia del mismo, hacen necesario un desarrollo pormenorizado en cada caso (art. 7.2 de la LPRL).

Tanto la ley 31/1995, de 8 de noviembre, de prevención de Riesgos Laborales (LPRL) como el Real Decreto 39/1997, de 17 de enero, por el que se aprueba el Reglamento de los Servicios de Prevención (RSP), tienen por objeto promover la seguridad y la salud de los trabajadores mediante la aplicación de medidas y el desarrollo de las actividades necesarias para la prevención de riesgos derivados del trabajo. Corresponde a la Inspección de Trabajo y Seguridad Social (ITSS) la función de la vigilancia y control de la normativa sobre prevención de riesgos laborales.

A tales efectos, **la LPRL establece los principios generales relativos a la prevención de los riesgos profesionales** para la protección de la seguridad y de la salud, la eliminación o disminución de los riesgos derivados del trabajo, la información, la consulta, la participación equilibrada y la formación de los trabajadores en materia preventiva en los términos señalados en la presente disposición.

Sin embargo, en determinadas actividades la existencia de legislación específica, características del sector o la importancia del mismo hacen necesario un desarrollo pormenorizado en cada caso, sirviendo, como ejemplo, la referencia del art. 7.2 de la LPRL:

«2. Las funciones de las Administraciones públicas competentes en materia laboral que se señalan en el apartado 1 continuarán siendo desarrolladas, en lo referente a los trabajos en minas, canteras y túneles que exijan la aplicación de técnica minera, a los que impliquen fabricación, transporte, almacenamiento, manipulación y utilización de explosivos o el empleo de energía nuclear, por los órganos específicos contemplados en su normativa reguladora.

Las competencias previstas en el apartado anterior se entienden sin perjuicio de lo establecido en la legislación específica sobre productos e instalaciones industriales».

A continuación, a modo de ejemplo, realizamos el estudio de los riesgos propios de algunos sectores de actividad donde se repiten los principales riesgos laborales en el entorno industrial (físicos, ergonómicos, químicos, biológicos, psicosociales, etc.) y que, adaptándose los distintos supuestos, permiten una visión general de distintos planos de la PRL, así como de las medidas de prevención y/o protección que pueden aplicarse.

> **DOCUMENTACIÓN DE INTERÉS**
>
> – Guía Técnica «Aspectos comunes a todas las instalaciones». INSST. Año 2023.
>
> – Guía Técnica para la evaluación y prevención de los riesgos relativos a la utilización de los equipos de trabajo. INSST. Año 2011.
>
> – Guía técnica para la evaluación y prevención de los riesgos relativos a la utilización de los lugares de trabajo. INSST. Año 2015.

1.1. Breve referencia al marco normativo y documentos de interés

El marco normativo y las guías de referencia en materia de prevención de riesgos laborales para el sector de la construcción se componen de una serie de leyes, reales decretos, órdenes, resoluciones, directivas europeas, guías técnicas, notas técnicas de prevención (NTP) y normas técnicas. Estos documentos establecen las obligaciones y responsabilidades de los distintos agentes implicados en el sector de la construcción, abarcando desde la prevención de riesgos laborales hasta aspectos específicos de la construcción y rehabilitación urbana:

1. Normativa nacional en materia de prevención de riesgos

– Ley 31/1995, de 8 de noviembre, de Prevención de Riesgos Laborales.

– **Ley 32/2006, de 18 de octubre, reguladora de la subcontratación en el Sector de la Construcción.**

– **Real Decreto 1627/1997 sobre disposiciones mínimas de seguridad y de salud en obras de construcción.**

– **Real Decreto 1109/2007, de 24 de agosto, por el que se desarrolla la Ley 32/2006, de 18 de octubre, reguladora de la subcontratación en el Sector de la Construcción.**

– Real Decreto 171/2004, de 30 de enero, por el que se desarrolla el artículo 24 de la Ley 31/1995, de 8 de noviembre, de Prevención de Riesgos Laborales, en materia de coordinación de actividades empresariales.

– Real Decreto 39/1997, de 17 de enero, por el que se aprueba el Reglamento de los Servicios de Prevención.

– Orden TIN/1071/2010, de 27 de abril, sobre los requisitos y datos que deben reunir las comunicaciones de apertura o de reanudación de actividades en los centros de trabajo.

– **Resolución de 6 de septiembre de 2023, de la Dirección General de Trabajo, por la que se registra y publica el VII Convenio colectivo general del sector de la construcción (VII CCGSC) (BOE 23/09/2023).**

– Resolución de 25 de diciembre de 2023, de la Dirección General de Trabajo, por la que se registra y publica el Acuerdo de modificación del VII Convenio colectivo general del sector de la construcción (BOE 08/01/2024).

El art. 2 del **Real Decreto 1627/1997, de 24 de octubre,** por el que se establecen disposiciones mínimas de seguridad y de salud en las obras de construcción, define la «obra de construcción» u «obra»: como cualquier obra, pública o privada, en la que se efectúen trabajos de construcción o ingeniería civil cuya relación no exhaustiva figura en su anexo I, donde se concreta su aplicación (de forma no exhaustiva) a las obras de construcción o de ingeniería civil:

– Excavación.

– Movimiento de tierras.

– Construcción.

– Montaje y desmontaje de elementos prefabricados.

– Acondicionamiento o instalaciones.

– Transformación.

– Rehabilitación.

– Reparación.

– Desmantelamiento.

– Derribo.

– Mantenimiento.

– Conservación-Trabajos de pintura y de limpieza.

– Saneamiento.

Si, tras un primer análisis de los trabajos necesarios, se determina que se trata de una obra de construcción, los distintos agentes implicados deberán cumplir con las especificaciones del Real Decreto 1627/1997, de 24 de octubre para obras de construcción. En caso contrario, si los trabajos no son «obra de construcción», será obligatorio el cumplimiento de la normativa general en PRL como: coordinación de actividades empresariales (Real Decreto 171/2004, de 30 de enero), las disposiciones mínimas de seguridad y salud en los lugares de trabajo (Real Decreto 486/1997, de 14 de abril), equipos de trabajo (Real Decreto 1215/1997, de 18 de julio), etcétera. En paralelo, el **VII CCGSC** establece una serie de premisas de obligado cumplimiento para las empresas dentro de su ámbito de aplicación.

2. Normativa nacional en materia de construcción

– Real Decreto Legislativo 7/2015, de 30 de octubre, por el que se aprueba el texto refundido de la Ley de Suelo y Rehabilitación Urbana.

– Real Decreto 314/2006, de 17 de marzo, por el que se aprueba el Código Técnico de la Edificación.

– Ley 21/1992, de 16 de julio, de Industria.

– Ley 37/2015, de 29 de septiembre, de Carreteras.

– Ley 38/1999, de 5 de noviembre, de Ordenación de la Edificación (LOE).

– Ley 11/2022, de 28 de junio, General de Telecomunicaciones.

– Ley 38/2015, de 29 de septiembre, del Sector Ferroviario.

– Real Decreto Legislativo 2/2011, de 5 de septiembre, por el que se aprueba el Texto Refundido de la Ley de Puertos del Estado y de la Marina Mercante.

– Normas estatales y autonómicas de vivienda y urbanismo.

3. Normativa europea

– Directiva 92/57/CEE del Consejo, de 24 de junio de 1992, relativa a las disposiciones mínimas de seguridad y de salud que deben aplicarse en las obras de construcción temporales o móviles.

– Reglamento (CE) n.º 1272/2008 del Parlamento Europeo y del Consejo, de 16 de diciembre de 2008, sobre clasificación, etiquetado y envasado de sustancias y mezclas, y por el que se modifican.

– Reglamento (UE) 2016/425 del Parlamento Europeo y del Consejo, de 9 de marzo de 2016, relativo a los equipos de protección individual.

4. Guías técnicas

– Guía técnica para la evaluación y prevención de los riesgos relativos a las obras de construcción. INSST. Año 2019. (Analiza ejemplos de obras de construcción para cada uno de los trabajos previstos en el citado anexo I del Real Decreto 1627/1997, de 24 de octubre).

– Guía técnica para la integración de la prevención de riesgos laborales en el sistema general de gestión de la empresa. INSST. Año 2015.

– Guía técnica para la simplificación documental. INSST. Año 2012.

– Guía técnica para la evaluación y prevención de los riesgos relativos a la utilización de lugares de trabajo. INSST. Año 2015.

– Guía técnica para la evaluación y prevención de los riesgos relativos a la utilización de los equipos de trabajo. INSST. Año 2021.

– Guía técnica sobre señalización de seguridad y salud en el trabajo. INSST. Año 2023.

– Guía técnica para la evaluación y prevención de los riesgos relacionados con la manipulación manual de cargas. INSST. Año 2009.

– Guía técnica para la utilización por los trabajadores de equipos de protección individual. INSST. Año 2022.

- Guía técnica para la evaluación y prevención de los riesgos relacionados con la exposición al ruido. Año 2022.
- Guía de actuación inspectora para control de medidas preventivas en zanjas y vaciados. ITSS.
- Guía de actuación inspectora en andamios colgados móviles. ITSS.
- Guía de actuación inspectora en Trabajos Verticales (andamios de sillín). ITSS.
- Guía de buenas prácticas de carácter no obligatorio para el entendimiento y la aplicación de la Directiva 92/57/CEE «Obras de construcción». Comisión Europea.
- Criterio Técnico ITSS 83/2010 sobre la presencia de recursos preventivos en las empresas, centros y lugares de trabajo. ITSS.

5. Notas Técnicas de Prevención (NTP)

- NTP 774: Sistemas anticaídas. Componentes y elementos. INSST. Año 2007.
- NTP 1071: Gestión de la seguridad y salud en obras sin proyecto (I): en un centro de trabajo con distinta actividad. INSST. Año 2016.
- NTP 1072: Gestión de la seguridad y salud en obras sin proyecto (II): en una comunidad de propietarios. INSST. Año 2016.
- NTP 1126: Integración de la PRL en el diseño de obras de construcción (I): fundamentos. INSST. Año 2018.
- NTP 1127: Integración de la PRL en el diseño de obras de construcción (II): criterios y soluciones organizativas. INSST. Año 2018.
- NTP 1128: Integración de la PRL en el diseño de obras de construcción (III): rehabilitación de un depósito. INSST. Año 2018.
- NTP. 994. El recurso preventivo. INSST. Año 2013.

6. Normas técnicas

- UNE-EN 1891:1999. Equipos de protección individual para la prevención de caídas desde una altura. Cuerdas trenzadas con funda, semiestáticas.
- UNE-EN 12077-2:1999+A1:2008. Seguridad de las grúas. Requisitos de salud y seguridad. Parte 2: Dispositivos limitadores e indicadores.
- UNE-EN 12158-1:2022. Elevadores de obras de construcción para cargas. Parte 1: Elevadores con plataformas accesibles.
- UNE-EN 12159:2013. Elevadores de obras de construcción para pasajeros y carga con caja guiada verticalmente.
- UNE 180201:2022. Encofrados. Diseño general, requisitos de comportamiento y verificaciones.
- UNE-EN 13531:2003+A1:2008. Maquinaria para movimiento de tierras. Estructuras de protección contra el basculamiento (TOPS) para

miniexcavadoras. Ensayos de laboratorio y requisitos de comportamiento. (ISO 12117:1997 modificada).

– UNE-EN ISO 2867:2012. Maquinaria para movimiento de tierras. Sistemas de acceso. (ISO 2867:2011).

– Etcétera.

1.2. Organización de la prevención en el sector de la construcción

Las obligaciones y responsabilidades en materia de prevención de riesgos para el Sector de la Construcción se establecen, con carácter general, en la Ley 31/1995, de prevención de riesgos laborales, en la Ley 32/2006, de 18 de octubre, reguladora de la subcontratación en el Sector de la Construcción y en el Real Decreto 39/1997, de 17 de enero, por el que se aprueba el Reglamento de los Servicios de Prevención.

De forma más específica, en el Real Decreto 1627/1997, de 24 de octubre, por el que se establecen disposiciones mínimas de seguridad y de salud en las obras de construcción.

ORGANIZACIÓN DE LA PRL EN LAS OBRAS DE CONSTRUCCIÓN (I)

LPRL; LISOS; Ley 32/2006, de 18 de octubre; RD 1109/2007, de 24 de agosto, RD 39/1997, de 17 de enero, RD 1627/1997, de 24 de octubre, Orden TIN/1071/2010, de 27 de abril y Convenio de la Construcción

Sujetos intervinientes en las obras de construcción

- Promotor.
- Contratista.
- Subcontratista.
- Trabajador autónomo.
- Coordinadores en materia de seguridad y salud.
- Recursos preventivos.
- Representantes de los trabajadores.

Distintas responsabilidades

Infracciones y sanciones

Art. 4.4 de la Ley 32/2006 de 18 de octubre y arts. 11-13 de la LISOS.

Documentación general de prevención de riesgos laborales en las obras de construcción

ETT

- Estudio de seguridad y salud (art. 5 del RD 1627/1997).
- Estudio básico de seguridad y salud (art. 6 del RD 1627/1997).
- Plan de seguridad y salud en el trabajo (art. 7 del RD 1627/1997 y art. 2.2 de la Orden TIN/1071/2010, de 27 de abril).
- Evaluación de riesgos en las obras de construcción (art. 5 del RD 1627/1997)
- Libro de incidencias (art. 13 del RD 1627/1997).
- Apertura de centro de trabajo (art. 19 del RD 1627/1997 y Orden TIN/1071/2010, de 27 de abril).

El anexo VII del Convenio colectivo general del sector de la construcción establece un listado de puestos de trabajos y/o trabajos asociados a estos puestos de trabajos limitados para la realización de contratos de puesta a disposición por motivos de seguridad y salud y justificación de su limitación, absoluta o relativa.

Por razones de seguridad y salud en el trabajo, el Convenio general del sector de la construcción limita la celebración de contratos de puesta a disposición.

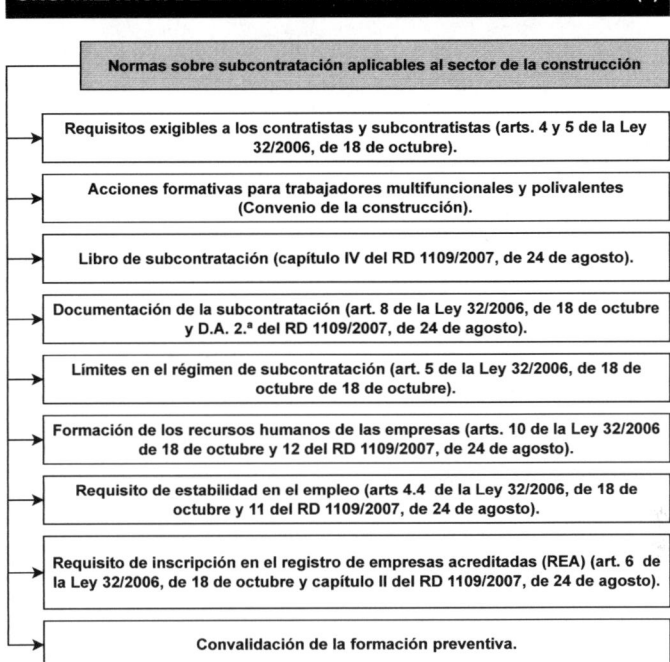

En el caso concreto de una empresa del sector, la organización de los recursos necesarios para el desarrollo de las actividades preventivas se realizará —en función de la formación que dispongan las personas trabajadoras de la empresa, la estructura de esta, las actividades que realice, etc.— por el empresario con arreglo a alguna de las modalidades siguientes:

- **Designando a uno o varios trabajadores para llevarla a cabo** (arts. 12 y 13 del RSP). A pesar de que no se trata de una modalidad preventiva, es conveniente concretar que en una obra de construcción la presencia de un **recurso preventivo** será obligatoria en los casos determinados por la LPRL, el RSP y el Real Decreto 1627/1997.

- **Constituyendo un servicio de prevención propio.** Si la empresa tiene más de 250 empleados será necesario constituir un servicio de prevención propio (por encontrarse reflejada la actividad de construcción, excavación, movimientos de tierras y túneles, con riesgo de caída de altura o sepultamiento en el anexo I del Real Decreto 39/1997, de 17 de enero). [Art. 14.c) del Real Decreto 39/1997, de 17 de enero].

- **Recurriendo a un servicio de prevención ajeno.**

CUESTIÓN

¿Qué es la integración de la prevención en fase de proyecto?

La integración de la prevención de riesgos laborales en la fase de proyecto de las obras de construcción es esencial para eliminar riesgos desde el inicio. La planificación preventiva aumenta la seguridad y reduce costes a largo plazo, siendo necesario que el estudio de seguridad y salud se desarrolle conjuntamente con el proyecto. Este enfoque preventivo implica considerar simultáneamente los requisitos de diseño, uso, producción, económicos y preventivos, con el objetivo ético de asegurar la ejecución, uso y mantenimiento seguros de la edificación.

Aspectos como la duración de la obra, la planificación y cronograma de trabajos, la organización de espacios, las interferencias con el entorno, los materiales y equipos empleados y la configuración final de la obra son especialmente relevantes para la prevención de riesgos. La prefabricación, estandarización, industrialización y nuevas tecnologías, como la metodología BIM (Building Information Modeling), son herramientas útiles para este fin.

DOCUMENTACIÓN DE INTERÉS

- Directiva 92/57/CEE del Consejo, de 24 de junio de 1992, relativa a las disposiciones mínimas de seguridad y de salud que deben aplicarse en las obras de construcción temporales o móviles (octava Directiva específica con arreglo al apartado 1 del artículo 16 de la Directiva 89/391/CEE).

- Real Decreto 314/2006, de 17 de marzo, por el que se aprueba el Código Técnico de la Edificación.

- Guía Técnica para la evaluación y la prevención de riesgos relativos a las obras de construcción. INSST. Año 2019.

- Directrices básicas para la integración de la prevención de los riesgos laborales en las obras de construcción. INSST. Año 2014.

- NTP 1126: Integración de la PRL en el diseño de obras de construcción (I): fundamentos. INSST Año 2018.

- NTP 1127: Integración de la PRL en el diseño de obras de construcción (II): criterios y soluciones organizativas. INSST Año 2018. (Desarrolla las distintas fases del proceso de integración de la prevención de riesgos laborales en el proyecto de una obra y una serie de recomendaciones preventivas para la integración de la PRL en fase de proyecto de una obra).

Realizada la elección, hemos de atender a las disposiciones específicas de seguridad y salud durante las fases de proyecto y ejecución de las obras reguladas en los arts. 3 a 14 del citado Real Decreto 1627/1997, de 24 de octubre, donde será necesario prestar atención a determinados casos (a modo de resumen previo a su desarrollo):

1. Designación de los coordinadores en materia de seguridad y salud

- Cuando, en la elaboración del proyecto de obra intervengan varios proyectistas, el promotor designará un coordinador en materia de seguridad y de salud durante la elaboración del proyecto de obra.

- Cuando en la ejecución de la obra intervenga más de una empresa, una empresa y autónomos o diversos trabajadores autónomos, el promotor, antes del inicio de los trabajos o tan pronto como se constate dicha circunstancia, designará un coordinador en materia de seguridad y salud durante la ejecución de la obra.

RESOLUCIÓN RELEVANTE

Sentencia del Tribunal Superior de Justicia de la Comunidad Valenciana n.º 3060/2009, de 20 de octubre, ECLI:ES:TSJCV:2009:7565

«(...) volviendo a la figura del promotor de obra, el artículo 2.1 c) del Real decreto 1627/1997, de 24 de octubre, por el que se establecen disposiciones mínimas de seguridad y de salud en las obras de construcción, lo define como "cualquier persona física o jurídica por cuenta de la cual se realice una obra"; y entre las obligaciones que se le imponen en la citada norma reglamentaria, se encuentran la de designar un coordinador de las obras "cuando en la ejecución de la obra intervenga más de una empresa, o una empresa y trabajadores autónomos o diversos trabajadores autónomos" (art. 3.2) y la de elaborar un estudio de seguridad y salud en los proyectos de obras, en las que concurran determinadas circunstancias o, en caso contrario, elaborar un estudio básico de seguridad y salud (art. 4), que deberá contener, entre otros documentos, una "Memoria descriptiva de los procedimientos, equipos técnicos y medios auxiliares que hayan de utilizarse o cuya utilización pueda preverse; identificación de los riesgos laborales que puedan ser evitados, indicando a tal efecto las medidas técnicas necesarias para ello; relación de los riesgos laborales que no puedan eliminarse conforme a lo señalado anteriormente, especificando las medidas preventivas y protecciones técnicas tendentes a controlar y reducir dichos riesgos y valorando su eficacia, en especial cuando se propongan medidas alternativas" (art. 5.2.a)».

2. Obligatoriedad del estudio de seguridad y salud o del estudio básico de seguridad y salud en las obras

El promotor estará obligado a que en la fase de redacción del proyecto se elabore un estudio de seguridad y salud en los proyectos de obras en que se den alguno de los supuestos establecidos en el art. 4 del Real Decreto 1627/1997, de 24 de octubre.

El **estudio de seguridad y salud** (art. 4 del Real Decreto 1627/1997, de 24 de octubre) será elaborado por el técnico competente designado por el promotor. Cuando deba existir un coordinador en materia de seguridad y salud durante la elaboración del proyecto de obra, le corresponderá a este elaborar o hacer que se elabore, bajo su responsabilidad, dicho estudio.

En aplicación del estudio de seguridad y salud o, en su caso, del estudio básico, cada contratista elaborará un plan de seguridad y salud en el trabajo en el que se analicen, estudien, desarrollen y complementen las previsiones contenidas en el estudio o estudio básico, en función de su propio sistema de ejecución de la obra. En dicho plan se incluirán, en su caso, las propuestas de medidas alternativas de prevención que el contratista proponga con la correspondiente justificación técnica, que no podrán implicar disminución de los niveles de protección previstos en el estudio o estudio básico.

En el caso de planes de seguridad y salud elaborados en aplicación del estudio de seguridad y salud, las propuestas de medidas alternativas de prevención incluirán la valoración económica de las mismas.

El plan de seguridad y salud deberá ser aprobado, antes del inicio de la obra, por el coordinador en materia de seguridad y de salud durante la ejecución de la obra.

RESOLUCIONES RELEVANTES

Sentencia del Tribunal Superior de Justicia de Aragón n.º 93/2015, de 20 de febrero, ECLI:ES:TSJAR:2015:220

«Pues bien, el argumento choca con la constante doctrina de los tribunales, como la expuesta en la STSJ Castilla La Mancha (contencioso administrativo) n.º 16/2012 que declara:

«si bien es cierto como alega la apelante que el artículo 5 citado señala que cuando deba de existir un coordinador en materia de seguridad y salud durante la elaboración del proyecto de obra, le corresponderá a este elaborar o hacer que se elabore, bajo su responsabilidad dicho estudio, ello, tal y como establece el artículo 3.4 del mismo RD 1627/1997 no exime al promotor de sus obligaciones, tanto la de elaborar el Estudio de Seguridad y Salud con el alcance y contenido previsto en la normativa de prevención de riesgos laborales, como la de coordinar la seguridad y salud en la fase de ejecución, tal y como establece el artículo 12.24 apartados b) y d) del RDL 5/2000 por el que se aprueba el texto refundido de la Ley sobre Infracciones y Sanciones en el Orden Social, y todo ello sin olvidar que en materia de prevención de riesgos existe una responsabilidad de todos los empresarios intervinientes, conforme establecen los artículos 14 y 24 de la Ley 31/1995 de Prevención de Riesgos Laborales, respecto la coordinación de seguridad y salud, que se extiende al promotor, al margen de la responsabilidad que recaiga sobre contratistas, subcontratistas y coordinador en materia de seguridad y salud en la obra».

Sentencia del Tribunal Superior de Justicia de Andalucía n.º 1838/2012, de 15 de noviembre, ECLI:ES:TSJAND:2012:15955 y Sentencia del Tribunal Superior de Justicia de Galicia n.º 3750/2012, de 29 de junio, ECLI:ES:TSJGAL:2012:6162

«De esta normativa [L 31/1995 y RD 1627/1995 cuyos arts. 24, 2, 3, 4, 5, 6 y 7 cita], se deduce que la responsabilidad del promotor no se limita a encargar el estudio de seguridad y salud laboral, sino que es necesario comprobar y supervisar la correcta y efectiva aplicación del mismo (...)».

3. Principios generales aplicables al proyecto de obra

Ha de seguirse el **art. 15 de la LPRL** en las fases de concepción, estudio y elaboración del proyecto de obra; y en particular para las obras de construcción el art. 8 del **Real Decreto 1627/1997, de 24 de octubre**, establece:

- Al tomar las decisiones constructivas, técnicas y de organización con el fin de planificar los distintos trabajos o fases de trabajo que se desarrollarán simultánea o sucesivamente.

- Al estimar la duración requerida para la ejecución de estos distintos trabajos o fases del trabajo.

- Se tendrán en cuenta, cada vez que sea necesario, cualquier estudio de seguridad y salud o estudio básico, así como las previsiones e informaciones útiles a que se refieren el apartado 6 del artículo 5 y el apartado 3 del artículo 6, durante las fases de concepción, estudio y elaboración del proyecto de obra.

- El coordinador en materia de seguridad y de salud, durante la elaboración del proyecto de obra, coordinará la aplicación de lo dispuesto en los apartados anteriores.

Otra normativa de interés sería:

– Real Decreto 2177/2004, de 12 de noviembre, por el que se modifica el Real Decreto 1215/1997, de 18 de julio, por el que se establecen las disposiciones mínimas de seguridad y salud para la utilización por los trabajadores de los equipos de trabajo, en materia de trabajos temporales en altura.

– Real Decreto 604/2006, de 19 de mayo, por el que se modifican el Real Decreto 39/1997, de 17 de enero, por el que se aprueba el Reglamento de los Servicios de Prevención, y el Real Decreto 1627/1997, de 24 de octubre, por el que se establecen las disposiciones mínimas de seguridad y salud en las obras de construcción.

– Real Decreto 1109/2007, de 24 de agosto, por el que se desarrolla la Ley 32/2006, de 18 de octubre, reguladora de la subcontratación en el Sector de la Construcción.

– Real Decreto 337/2010, de 19 de marzo, por el que se modifican el Real Decreto 39/1997, de 17 de enero, por el que se aprueba el Reglamento de los Servicios de Prevención.

– Real Decreto 1109/2007, de 24 de agosto, por el que se desarrolla la Ley 32/2006, de 18 de octubre, reguladora de la subcontratación en el sector de la construcción.

– Real Decreto 1627/1997, de 24 de octubre, por el que se establecen disposiciones mínimas de seguridad y salud en obras de construcción.

4. Principios generales aplicables durante la ejecución de la obra

De conformidad con la LPRL, los principios de la acción preventiva que se recogen en su artículo 15 se aplicarán durante la ejecución de la obra y, en particular, en las siguientes tareas o actividades:

– El mantenimiento de la obra en buen estado de orden y limpieza.

– La elección del emplazamiento de los puestos y áreas de trabajo, teniendo en cuenta sus condiciones de acceso, y la determinación de las vías o zonas de desplazamiento o circulación.

– La manipulación de los distintos materiales y la utilización de los medios auxiliares.

– El mantenimiento, el control previo a la puesta en servicio y el control periódico de las instalaciones y dispositivos necesarios para la ejecución de la obra, con objeto de corregir los defectos que pudieran afectar a la seguridad y salud de los trabajadores.

– La delimitación y el acondicionamiento de las zonas de almacenamiento y depósito de los distintos materiales, en particular, si se trata de materias o sustancias peligrosas.

– La recogida de los materiales peligrosos utilizados.

- El almacenamiento y la eliminación o evacuación de residuos y escombros.

- La adaptación, en función de la evolución de la obra, del período de tiempo efectivo que habrá de dedicar a los distintos trabajos o fases de trabajo.

- La cooperación entre los contratistas, subcontratistas y trabajadores autónomos.

- Las interacciones e incompatibilidades con cualquier otro tipo de trabajo o actividad que se realice en la obra o cerca del lugar de la obra.

5. Obligaciones de los contratistas y subcontratistas

Los contratistas y subcontratistas estarán obligados a:

- Aplicar los principios de la acción preventiva que se recogen en el artículo 15 de la LPRL, en particular al desarrollar las tareas o actividades indicadas en el artículo 10 del Real Decreto 1627/1997, de 24 de octubre.

- Cumplir y hacer cumplir a su personal lo establecido en el plan de seguridad y salud al que se refiere el artículo 7 del Real Decreto 1627/1997, de 24 de octubre.

- Cumplir la normativa en materia de prevención de riesgos laborales, teniendo en cuenta, en su caso, las obligaciones sobre coordinación de actividades empresariales previstas en el artículo 24 de la Ley de Prevención de Riesgos Laborales, así como cumplir las disposiciones mínimas establecidas en el anexo IV del Real Decreto 1627/1997, de 24 de octubre, durante la ejecución de la obra.

- Informar y proporcionar las instrucciones adecuadas a los trabajadores autónomos sobre todas las medidas que hayan de adoptarse en lo que se refiere a su seguridad y salud en la obra.

- Atender las indicaciones y cumplir las instrucciones del coordinador en materia de seguridad y de salud durante la ejecución de la obra o, en su caso, de la dirección facultativa.

6. Obligaciones de los trabajadores autónomos

Los autónomos tienen una serie de obligaciones y derechos reconocidos por la LPRL en su art. 12, que desarrollaremos más adelante.

7. Libro de incidencias

En cada centro de trabajo existirá, con fines de control y seguimiento del plan de seguridad y salud, un libro de incidencias habilitado al efecto (art. 13 del Real Decreto 1627/1997, de 24 de octubre). El libro de incidencias será facilitado por:

- El colegio profesional al que pertenezca el técnico que haya aprobado el plan de seguridad y salud.

– La oficina de supervisión de proyectos u órgano equivalente cuando se trate de obras de las Administraciones públicas.

2.
SUBCONTRATACIÓN EN EL SECTOR DE LA CONSTRUCCIÓN

La Ley 32/2006, de 18 de octubre, regula la subcontratación en el sector de la construcción, definiendo su ámbito de aplicación tanto en términos objetivos como subjetivos. Esta ley, de obligado cumplimiento desde el 19 de abril de 2007, se aplica a todas las obras de construcción, públicas o privadas, que inicien su ejecución a partir de esta fecha. Su objetivo es regular las prácticas de subcontratación para mejorar la seguridad laboral, limitando su aplicación a ciertas actividades específicas relacionadas con la construcción y la ingeniería civil, como:

1. Excavación.
2. Movimiento de tierras.
3. Acondicionamientos o instalaciones.
4. Rehabilitación.
5. Desmantelamiento.
6. Mantenimiento.
7. Saneamiento.
8. Construcción.
9. Montaje y desmontaje de elementos prefabricados.
10. Transformación.
11. Reparación.
12. Derribo.
13. Conservación y trabajos de pintura y limpieza.

Excluye actividades no directamente relacionadas con la ejecución de obras, como la dirección técnica, estudios de estructuras, y servicios de limpieza o seguridad, entre otros.

La ley excluye de su aplicación las actividades contratadas por cabezas de familia para su vivienda y se aclara la posición de las Uniones Temporales de Empresas (UTE) y los trabajadores autónomos que empleen a trabajadores por cuenta ajena. Además, se establecen definiciones de los sujetos del proceso de subcontratación y otros intervinientes como la dirección facultativa y el coordinador en materia de seguridad y salud.

2.1. Conceptos y figuras básicas en la subcontratación del sector de la construcción

El art. 3 de la Ley 32/2006, de 18 de octubre, define las características principales de las figuras que intervienen en la subcontratación dentro del sector de la construcción:

- **Obra de construcción u obra.** Cualquier obra, pública o privada, en la que se efectúen trabajos de construcción o de ingeniería civil.

- **Promotor.** Cualquier persona física o jurídica por cuenta de la cual se realice la obra.

- **Dirección facultativa.** El técnico o técnicos competentes designados por el promotor, encargados de la dirección y del control de la ejecución de la obra.

- **Coordinador en materia de seguridad y de salud durante la ejecución de la obra.** El técnico competente integrado en la dirección facultativa, designado por el promotor para llevar a cabo las tareas establecidas para este coordinador en la reglamentación de seguridad y salud en las obras de construcción.

- **Contratista o empresario principal:**
  - La persona física o jurídica, que asume contractualmente ante el promotor, con medios humanos y materiales, propios o ajenos, el compromiso de ejecutar la totalidad o parte de las obras con sujeción al proyecto y al contrato.

  - Cuando el promotor realice directamente con medios humanos y materiales propios la totalidad o determinadas partes de la obra, tendrá también la consideración de contratista.

  - Cuando la contrata se haga con una Unión Temporal de Empresas (UTE), que no ejecute directamente la obra, cada una de sus empresas miembro tendrá la consideración de empresa contratista en la parte de obra que ejecute.

- **Subcontratista:**
  - La persona física o jurídica que asume contractualmente ante el contratista u otro subcontratista comitente el compromiso de realizar determinadas partes o unidades de obra, con sujeción al proyecto por el que se rige su ejecución.

  - Las variantes de esta figura pueden ser las del primer subcontratista (subcontratista cuyo comitente es el contratista), segundo subcontratista (subcontratista cuyo comitente es el primer subcontratista), etc.

- **Persona trabajadora autónoma:**

  - La persona física distinta del contratista y del subcontratista, que realiza de forma personal y directa una actividad profesional, sin sujeción a un contrato de trabajo, y que asume contractualmente ante el promotor, el contratista o el subcontratista el compromiso de realizar determinadas partes o instalaciones de la obra.

  - En el supuesto de que el trabajador autónomo emplee en la obra a trabajadores por cuenta ajena, tendrá la consideración de contratista o subcontratista de los mismos.

- **Subcontratación.** La práctica mercantil de organización productiva en virtud de la cual el contratista o subcontratista encarga a otro subcontratista o trabajador autónomo parte de lo que a él se le ha encomendado.

- **Nivel de subcontratación.** Cada uno de los escalones en que se estructura el proceso de subcontratación que se desarrolla para la ejecución de la totalidad o parte de la obra asumida contractualmente por el contratista con el promotor.

Todas las obras de construcción han de cumplir con las consideraciones generales en materia de prevención contenidas en la LPRL, el Reglamento de los Servicios de Prevención (RSP), y el RD 1627/1997. No obstante, según el tipo de obra, las distintas figuras tendrán una serie de obligaciones:

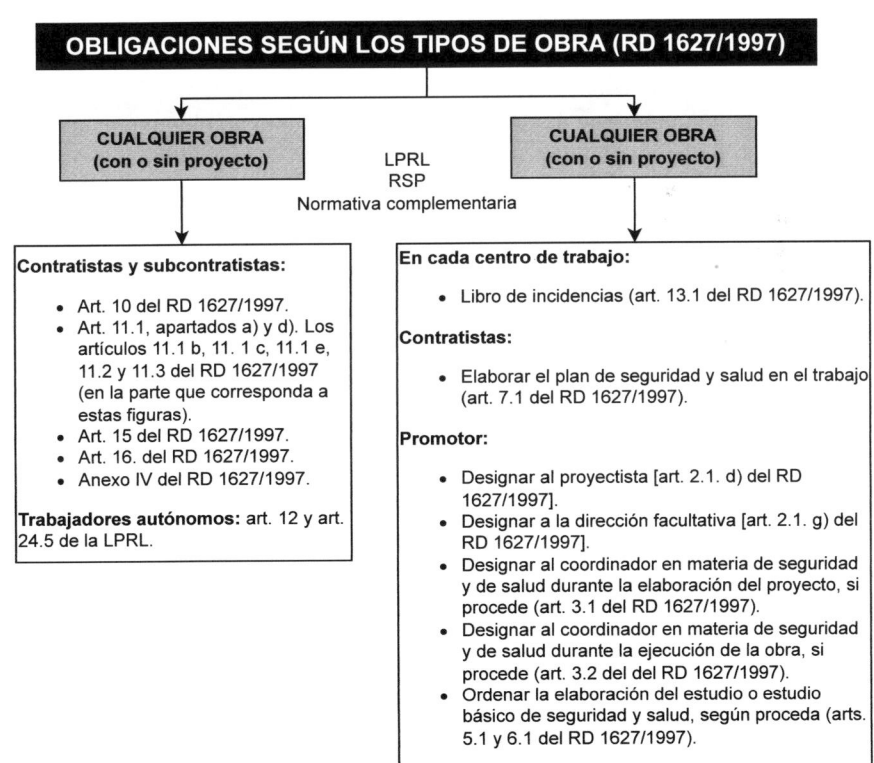

OBLIGACIONES SEGÚN LOS TIPOS DE OBRA (RD 1627/1997)

CUALQUIER OBRA (con o sin proyecto)

LPRL
RSP
Normativa complementaria

CUALQUIER OBRA (con o sin proyecto)

Contratistas y subcontratistas:

- Art. 10 del RD 1627/1997.
- Art. 11.1, apartados a) y d). Los artículos 11.1 b, 11. 1 c, 11.1 e, 11.2 y 11.3 del RD 1627/1997 (en la parte que corresponda a estas figuras).
- Art. 15 del RD 1627/1997.
- Art. 16. del RD 1627/1997.
- Anexo IV del RD 1627/1997.

Trabajadores autónomos: art. 12 y art. 24.5 de la LPRL.

En cada centro de trabajo:

- Libro de incidencias (art. 13.1 del RD 1627/1997).

Contratistas:

- Elaborar el plan de seguridad y salud en el trabajo (art. 7.1 del RD 1627/1997).

Promotor:

- Designar al proyectista [art. 2.1. d) del RD 1627/1997].
- Designar a la dirección facultativa [art. 2.1. g) del RD 1627/1997].
- Designar al coordinador en materia de seguridad y de salud durante la elaboración del proyecto, si procede (art. 3.1 del RD 1627/1997).
- Designar al coordinador en materia de seguridad y de salud durante la ejecución de la obra, si procede (art. 3.2 del del RD 1627/1997).
- Ordenar la elaboración del estudio o estudio básico de seguridad y salud, según proceda (arts. 5.1 y 6.1 del RD 1627/1997).

2.2. Requisitos exigibles a los contratistas y subcontratistas

Para que una empresa pueda intervenir en el proceso de subcontratación en el sector de la construcción, como contratista o subcontratista, deberá acreditar, mediante una declaración suscrita por su representante legal formulada ante el Registro de Empresas Acreditadas, el cumplimiento de siguientes **requisitos** (art. 4 de la Ley 32/2006, de 18 de octubre):

- Poseer una organización productiva propia, contar con los medios materiales y personales necesarios, y utilizarlos para el desarrollo de la actividad contratada.

- Asumir los riesgos, obligaciones y responsabilidades propias del desarrollo de la actividad empresarial.

- Ejercer directamente las facultades de organización y dirección sobre el trabajo desarrollado por sus trabajadores en la obra y, en el caso de los trabajadores autónomos, ejecutar el trabajo con autonomía y responsabilidad propia y fuera del ámbito de organización y dirección de la empresa que le haya contratado.

- Acreditar que disponen de recursos humanos, en su nivel directivo y productivo, que cuentan con la formación necesaria en prevención de riesgos laborales.

- Estar inscritas en el Registro de Empresas Acreditadas correspondiente al territorio de la comunidad autónoma donde radique el domicilio social de la empresa contratista o subcontratista.

Las empresas cuya actividad consista en ser contratadas o subcontratadas habitualmente para la realización de trabajos en obras del sector de la construcción deberán contar, en los términos que se determine reglamentariamente, con un **número de trabajadores contratados con carácter indefinido** que no será inferior al 10 por 100 durante los 18 primeros meses de vigencia de la Ley 32/2006, de 18 de octubre, ni al 20 por 100 durante los meses del decimonoveno al trigésimo sexto, ni al 30 por 100 a partir del mes trigésimo séptimo, inclusive.

> **A TENER EN CUENTA.** Son cuatro los aspectos en los que la Ley 32/2006, de 18 de octubre, llama al reglamento: el Registro de Empresas Acreditadas, el libro de subcontratación, las reglas de cómputo de los porcentajes de trabajadores indefinidos marcados en la Ley y la simplificación documental de las obligaciones establecidas para las obras de construcción en el ordenamiento jurídico.

1. Régimen de la subcontratación

Otro aspecto importante regulado por la Ley 32/2006, de 18 de octubre, son los posibles niveles de subcontratación. Y es que, a pesar de que la ley establece la libertad de subcontratación, introduce el concepto de *«nivel de sub-*

contratación», limitando la subcontratación a tres niveles a partir del contratista para evitar cadenas de subcontratación ilimitadas. A modo de resumen, y relacionándolo con las figuras anteriores, los niveles de contratación serán:

- **Promotor:** puede contratar directamente con cualquier número de contratistas.

- **Contratista (nivel 0):** mantiene la libertad de subcontratación preexistente, pudiendo subcontratar parte de los trabajos.

- **Primer subcontratista (nivel 1):** puede contratar hasta dos subcontratistas más.

- **Segundo subcontratista (nivel 2):** puede subcontratar a un tercer subcontratista o trabajador autónomo.

- **Tercer subcontratista (nivel 3):** no puede subcontratar los trabajos contratados con otro subcontratista o trabajador autónomo.

No obstante, existen **excepciones:**

a) Excepciones a la subcontratación:

- Los primeros y segundos subcontratistas no pueden subcontratar trabajos que consistan principalmente en la aportación de mano de obra.

- El trabajador autónomo no puede subcontratar los trabajos encomendados.

- Subcontratistas cuya organización productiva en la obra consista fundamentalmente en la aportación de mano de obra no pueden subcontratar.

b) Excepciones especiales para ampliar el límite de subcontratación: la ley permite un cuarto nivel de subcontratación en circunstancias excepcionales como casos fortuitos, exigencias de especialización, complicaciones técnicas o fuerza mayor, sujeto a la aprobación de la dirección facultativa y notificación a las autoridades competentes.

CUESTIÓN

¿Quién valora la existencia de una de las excepciones especiales para ampliar el límite de subcontratación?

Queda a juicio de la dirección facultativa, siempre que la causa o causas motivadoras de la misma se refleje en el Libro de Subcontratación (arts. 5 y 7 la Ley 32/2006, de 18 de octubre).

---

2. Registro de Empresas Acreditadas (REA)

Conforme a lo previsto en el artículo 6 de la Ley 32/2006, de 18 de octubre, existirá un Registro de Empresas Acreditadas, de naturaleza administrativa y carácter público, que dependerá de la autoridad laboral competente.

Las empresas que pretendan ser contratadas, o subcontratadas, para trabajos en una obra de construcción deberán inscribirse en el Registro de Empresas Acreditadas (REA), que dependerá de la autoridad laboral competente, entendiéndose por tal la correspondiente al territorio de la comunidad autónoma donde radique el domicilio social de la empresa contratista o subcontratista (arts. 9-11 del Real Decreto 1109/2007, de 24 de agosto).

La inscripción en el Registro de Empresas Acreditadas tendrá validez para todo el territorio nacional, siendo sus datos de acceso público con la salvedad de los referentes a la intimidad de las personas.

Reglamentariamente se establecerán el contenido, la forma y los efectos de la inscripción en dicho registro, así como los sistemas de coordinación de los distintos registros dependientes de las autoridades laborales autonómicas.

> **A TENER EN CUENTA**. A partir del día 26/08/2008, las empresas que contraten o subcontraten la realización de cualquier trabajo en una obra deberán acreditar que sus empresas contratistas o subcontratistas están inscritas en el Registro, solicitando, para ello, un certificado de inscripción.

El incumplimiento de las obligaciones citadas en los apartados anteriores, referentes a la acreditación y registro o al régimen de subcontratación determinará la responsabilidad solidaria del subcontratista que hubiese contratado incumpliendo la normativa y del correspondiente contratista respecto a las obligaciones laborales y de Seguridad Social derivadas de la ejecución del contrato acordado que correspondan al subcontratista responsable del incumplimiento en el ámbito de ejecución de su contrato, independientemente de la actividad empresarial desarrollada. (SJS- Logroño n.º 176/2018, de 25 de junio, ECLI:ES:JSO:2018:4122).

3. Documentación de la subcontratación

En toda obra de construcción cada contratista deberá disponer de un **libro de subcontratación**. En este libro, que deberá permanecer en todo momento en la obra, se deberán reflejar, por orden cronológico desde el comienzo de los trabajos, todas y cada una de las subcontrataciones realizadas en una determinada obra con empresas subcontratistas y trabajadores autónomos, su nivel de subcontratación y empresa comitente, el objeto de su contrato, la identificación de la persona que ejerce las facultades de organización y dirección de cada subcontratista y, en su caso, de los representantes legales de los trabajadores de la misma, las respectivas fechas de entrega de la parte del plan de seguridad y salud que afecte a cada empresa subcontratista y trabajador autónomo, así como las instrucciones elaboradas por el coordinador de seguridad y salud para marcar la dinámica y desarrollo del procedimiento de coordinación establecido, y las anotaciones efectuadas por la dirección facultativa sobre su aprobación de cada subcontratación excepcional de las previstas por exigencias de especialización de los trabajos, complicaciones técnicas de la producción o circunstancias de fuerza mayor por las que puedan atravesar los agentes que intervienen en la obra.

Al libro de subcontratación tendrán acceso el promotor, la dirección facultativa, el coordinador de seguridad y salud en fase de ejecución de la obra, las empresas y trabajadores autónomos intervinientes en la obra, los técnicos de prevención, los delegados de prevención, la autoridad laboral y los representantes de los trabajadores de las diferentes empresas que intervengan en la ejecución de la obra.

Del mismo modo, cada empresa deberá disponer de la **documentación o título que acredite la posesión de la maquinaria que utiliza, y de cuanta documentación sea exigida por las disposiciones legales vigentes.**

2.3. Libro de subcontratación

Cada contratista, con carácter previo a la subcontratación con un subcontratista o trabajador autónomo de parte de la obra que tenga contratada, deberá obtener un **libro de subcontratación** habilitado que se ajuste al modelo que se inserta como anexo III del Real Decreto 1109/2007, de 24 de agosto, por el que se desarrolla la Ley 32/2006, de 18 de octubre, reguladora de la subcontratación en el Sector de la Construcción.

El libro de subcontratación se define como el registro habilitado por la autoridad laboral correspondiente en el que el contratista debe reflejar, por orden cronológico desde el comienzo de los trabajos, todas y cada una de las subcontrataciones realizadas en la obra con empresas subcontratistas y trabajadores autónomos. También debe anotarse la persona responsable de la coordinación de seguridad y salud en la fase de ejecución de la obra, así como cualquier cambio que pudiera producirse en dicho puesto. Es decir, se trata de una herramienta para el control y seguimiento del régimen de subcontratación.

El capítulo IV del Real Decreto 1109/2007, de 24 de agosto desarrolla reglamentariamente el libro de subcontratación. Se determina su formato, su habilitación por la autoridad laboral y su régimen de funcionamiento, precisando aspectos tales como la práctica de las anotaciones, el acceso a la información por otros sujetos intervinientes en las obras de construcción o las autorizaciones excepcionales de la dirección facultativa, en los casos en que están previstas por superarse los niveles de subcontratación previstos en el artículo 5 de la Ley 32/2006, de 18 de octubre (en consonancia con el art. 42.4 del ET).

Cada contratista, con carácter previo a la subcontratación con un subcontratista o trabajador autónomo de parte de la obra que tenga contratada, deberá obtener un libro de subcontratación habilitado que se ajuste al modelo que se inserta como anexo III del Real Decreto 1109/2007, de 24 de agosto, por el que se desarrolla la Ley 32/2006, de 18 de octubre, reguladora de la subcontratación en el sector de la construcción.

En cuanto a la calificación la parte actora solicita que la sanción se califique como leve, pues bien

A TENER EN CUENTA. De conformidad con lo dispuesto en el art. 8.3 de la Ley 32/2006, de 18 de octubre, la obligación de la empresa principal de disponer de un libro registro en el que se refleje la información sobre las empresas contratistas y subcontratistas que compartan de forma continuada un mismo centro de trabajo, establecida en el artículo 42.4 del Estatuto de los Trabajadores, aprobado por Real Decreto Legislativo 2/2015, de 23 de octubre, se entenderá cumplida en las obras de construcción incluidas en el ámbito de aplicación de la referida Ley 32/2006, de 18 de octubre, mediante la disposición y llevanza del libro de subcontratación por cada empresa contratista, en los términos previstos en el Real Decreto 1109/2007, de 24 de agosto (D.A. 5.ª del Real Decreto 1109/2007, de 24 de agosto).

CUESTIONES

1. ¿A quién se exige el libro de subcontratación?

El Libro es exigible al contratista, siempre que pretenda subcontratar parte de la obra a empresas subcontratistas o trabajadores autónomos.

2. ¿Quién habilita el libro de subcontratación?

La autoridad laboral de la comunidad autónoma donde se realice la obra.

3. ¿Cuánto tiempo de ser conservado el libro de subcontratación?

El libro de subcontratación debe estar en la obra de construcción hasta que finalice. Con posterioridad se conservará durante los cinco años posteriores.

1. Habilitación del libro de subcontratación

Artículo 14 del RD 1109/2007, de 24 de agosto
«El Libro de Subcontratación será habilitado por la autoridad laboral correspondiente al territorio en que se ejecute la obra. La habilitación consistirá en la verificación de que el Libro reúne los requisitos establecidos en este Real Decreto.

En el caso de que un contratista necesite la habilitación de un segundo Libro para una misma obra de construcción, deberá presentar a la autoridad laboral el Libro anterior para justificar el agotamiento de sus hojas o su deterioro. En los casos en que haya sido requerida la aportación del Libro a un proceso judicial, se solicitará a la autoridad laboral la habilitación de una copia legalizada del mismo con carácter previo a la remisión del original al órgano jurisdiccional.

En caso de pérdida o destrucción del Libro anterior u otra circunstancia similar, tal hecho se justificará mediante declaración escrita del empresario o de su representante legal comprensiva de la no presentación y pruebas de que disponga, haciéndose constar dicha circunstancia en la diligencia de habilitación; posteriormente el contratista reproducirá en el nuevo Libro las anotaciones efectuadas en el anterior».

2. Contenido del libro de subcontratación

Artículo 15 del RD 1109/2007, de 24 de agosto
«El contratista deberá llevar el Libro de Subcontratación en orden, al día y con arreglo a las disposiciones contenidas en la Ley 32/2006, de 18 de octubre, y en este Real Decreto.

En dicho Libro el contratista deberá reflejar, por orden cronológico desde el comienzo de los trabajos, y con anterioridad al inicio de estos, todas y cada una de las subcontrataciones realizadas en la obra con empresas subcontratistas y trabajadores autónomos incluidos en el ámbito de ejecución de su contrato, conteniendo todos los datos que se establecen en el modelo incluido en el anexo III de este Real Decreto y en el artículo 8.1 de la Ley 32/2006, de 18 de octubre».

3. Obligaciones y derechos relativos al libro de subcontratación

Artículo 16 del RD 1109/2007, de 24 de agosto

«El contratista deberá conservar el Libro de Subcontratación en la obra de construcción hasta la completa terminación del encargo recibido del promotor. Asimismo, deberá conservarlo durante los cinco años posteriores a la finalización de su participación en la obra (art. 16 del RD 1109/2007, de 24 de agosto).

Con ocasión de cada subcontratación, el contratista deberá proceder del siguiente modo:

En todo caso, deberá comunicar la subcontratación anotada al coordinador de seguridad y salud, con objeto de que éste disponga de la información y la transmita a las demás empresas contratistas de la obra, en caso de existir, a efectos de que, entre otras actividades de coordinación, éstas puedan dar cumplimiento a lo dispuesto en artículo 9.1 de la Ley 32/2006, de 18 de octubre, en cuanto a la información a los representantes de los trabajadores de las empresas de sus respectivas cadenas de subcontratación.

También en todo caso, deberá comunicar la subcontratación anotada a los representantes de los trabajadores de las diferentes empresas incluidas en el ámbito de ejecución de su contrato que figuren identificados en el Libro de Subcontratación.

Cuando la anotación efectuada suponga la ampliación excepcional de la subcontratación prevista en el artículo 5.3 de la Ley 32/2006, de 18 de octubre, además de lo previsto en las dos letras anteriores, el contratista deberá ponerlo en conocimiento de la autoridad laboral competente mediante la remisión, en el plazo de los cinco días hábiles siguientes a su aprobación por la dirección facultativa, de un informe de ésta en el que se indiquen las circunstancias de su necesidad y de una copia de la anotación efectuada en el Libro de Subcontratación.

En las obras de edificación a las que se refiere la Ley 38/1999, de 5 de noviembre, de Ordenación de la Edificación, una vez finalizada la obra, el contratista entregará al director de obra una copia del Libro de Subcontratación debidamente cumplimentado, para que lo incorpore al Libro del Edificio. El contratista conservará en su poder el original».

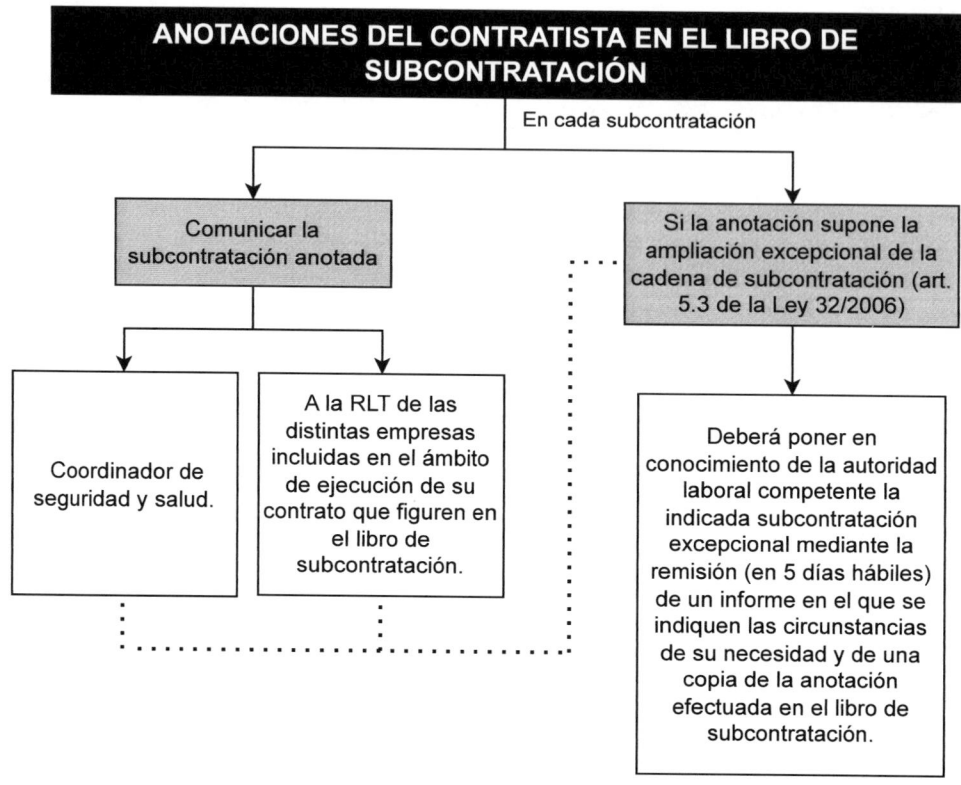

CUESTIÓN

Respecto del libro de subcontratación, ¿el contratista qué obligaciones tiene?

El contratista debe mantener el libro de subcontratación actualizado y accesible en obra, conservándolo cinco años. En concreto debe permitir el acceso al libro a: a) promotor, a la dirección facultativa y al coordinador en seguridad y salud durante la ejecución de la obra; b) empresas y trabajadores autónomos de la obra; c) técnicos de prevención; d) delegados de prevención y representantes de los trabajadores de las empresas que intervengan en la obra; y, e) autoridad laboral.

2.4. Infracciones y sanciones en la subcontratación para el sector de la construcción

Con la finalidad de asegurar la efectividad en la regulación en las obras de construcción, la Ley 32/2006, de 18 de octubre, introduce varias modificaciones en el Texto Refundido de la Ley de Infracciones y Sanciones en el Orden Social, aprobado por Real Decreto Legislativo 5/2000, de 4 de agosto, estableciendo la adecuada tipificación de las infracciones administrativas que pueden derivarse de la deficiente aplicación de la citada Ley (art. 11 de la Ley 32/2006, de 18 de octubre).

Los arts. 8 y 11-13 de la LISOS, regulan las infracciones y sanciones en la subcontratación para el sector de la construcción.

1. Infracciones con carácter general

a) **Infracciones muy graves** en materia de **relaciones laborales individuales y colectivas** (art. 8.16 de la LISOS): el incumplimiento de la normativa sobre limitación de la proporción mínima de trabajadores contratados con carácter indefinido contenida en la Ley reguladora de la subcontratación en el sector de la construcción y en su reglamento de aplicación.

b) **Infracciones leves** en materia de **prevención de riesgos laborales** (art. 11.6 y 7 de la LISOS):

- No disponer el contratista en la obra de construcción del Libro de Subcontratación exigido por el artículo 8 de la Ley Reguladora de la subcontratación en el sector de la construcción.

- No disponer el contratista o subcontratista de la documentación o título que acredite la posesión de la maquinaria que utiliza, y de cuanta documentación sea exigida por las disposiciones legales vigentes.

2. Infracciones graves en materia de prevención de riesgos laborales

Se considerarán infracciones graves en materia de prevención de riesgos laborales, en función de que incurra en las mismas el contratista, subcontratista o promotor:

a) **Subcontratista** (12.27 de la LISOS)

Se consideran infracciones graves del subcontratista, los siguientes incumplimientos:

«a) El incumplimiento del deber de acreditar, en la forma establecida legal o reglamentariamente, que dispone de recursos humanos, tanto en su nivel directivo como productivo, que cuentan con la formación necesaria en prevención de riesgos laborales, y que dispone de una organización preventiva adecuada, y la inscripción en el registro correspondiente, o del deber de verificar dicha acreditación y registro por los subcontratistas con los que contrate, salvo que proceda su calificación como infracción muy grave, de acuerdo con el artículo siguiente.

b) No comunicar los datos que permitan al contratista llevar en orden y al día el Libro de Subcontratación exigido en la Ley Reguladora de la subcontratación en el sector de la construcción.

c) Proceder a subcontratar con otro u otros subcontratistas o trabajadores autónomos superando los niveles de subcontratación permitidos legalmente, sin disponer de la expresa aprobación de la dirección facultativa, o permitir que en el ámbito de ejecución de su subcontrato otros subcontratistas o trabajadores autónomos incurran en el supuesto anterior y sin que concurran en este caso las circunstancias previstas en la letra c) del apartado 15 del artículo siguiente, salvo que proceda su calificación como infracción muy grave, de acuerdo con el mismo artículo siguiente».

b) **Contratista** (art. 12.28 de la LISOS)

«Se consideran infracciones graves del contratista, de conformidad con lo previsto en la Ley Reguladora de la subcontratación en el sector de la construcción:

a) No llevar en orden y al día el Libro de Subcontratación exigido, o no hacerlo en los términos establecidos reglamentariamente.

b) Permitir que, en el ámbito de ejecución de su contrato, intervengan empresas subcontratistas o trabajadores autónomos superando los niveles de subcontratación permitidos legalmente, sin disponer de la expresa aprobación de la dirección facultativa, y sin que concurran las circunstancias previstas en la letra c) del apartado 15 del artículo siguiente, salvo que proceda su calificación como infracción muy grave, de acuerdo con el mismo artículo siguiente.

c) El incumplimiento del deber de acreditar, en la forma establecida legal o reglamentariamente, que dispone de recursos humanos, tanto en su nivel directivo como productivo, que cuentan con la formación necesaria en prevención de riesgos laborales, y que dispone de una organización preventiva adecuada, y la inscripción en el registro correspondiente, o del deber de verificar dicha acreditación y registro por los subcontratistas con los que contrate, y salvo que proceda su calificación como infracción muy grave, de acuerdo con el artículo siguiente.

d) La vulneración de los derechos de información de los representantes de los trabajadores sobre las contrataciones y subcontrataciones que se realicen en la obra, y de acceso al Libro de Subcontratación, en los términos establecidos en la Ley Reguladora de la subcontratación en el sector de la construcción».

c) **Promotor** (art. 12.29 de la LISOS)

Es infracción grave del promotor de la obra permitir, a través de la actuación de la dirección facultativa, la aprobación de la ampliación excepcional de la cadena de subcontratación cuando manifiestamente no concurran las causas motivadoras de la misma prevista en dicha Ley, salvo que proceda su calificación como infracción muy grave, de acuerdo con el artículo siguiente

3. Infracciones muy graves en materia de prevención de riesgos laborales

Del mismo modo, se considerarán infracciones muy graves en materia de prevención de riesgos laborales, en función del sujeto que las realice:

a) **Subcontratista** (art. 13.15 de la LISOS)

1. El incumplimiento del deber de acreditar, en la forma establecida legalmente, que dispone de recursos humanos, tanto en su nivel directivo como

productivo, que cuentan con la formación necesaria en prevención de riesgos laborales, y que dispone de una organización preventiva adecuada, y la inscripción en el registro correspondiente, o del deber de verificar dicha acreditación y registro por los subcontratistas con los que contrate, cuando se trate de trabajos con riesgos especiales conforme a la regulación reglamentaria de los mismos para las obras de construcción.

2. Proceder a subcontratar con otro u otros subcontratistas o trabajadores autónomos superando los niveles de subcontratación permitidos legalmente, sin que disponga de la expresa aprobación de la dirección facultativa, o permitir que en el ámbito de ejecución de su subcontrato otros subcontratistas o trabajadores autónomos incurran en el supuesto anterior y sin que concurran en este caso circunstancias excepcionales.

3. El falseamiento en los datos comunicados al contratista o a su subcontratista comitente, que dé lugar al ejercicio de actividades de construcción incumpliendo el régimen de la subcontratación o los requisitos legalmente establecidos.

b) **Contratista** (art. 13.16 de la LISOS)

1. Permitir que, en el ámbito de ejecución de su contrato, intervengan subcontratistas o trabajadores autónomos superando los niveles de subcontratación permitidos legalmente, sin que se disponga de la expresa aprobación de la dirección facultativa, y sin que concurran circunstancias excepcionales cuando se trate de trabajos con riesgos.

2. El incumplimiento del deber de acreditar, en la forma establecida legal o reglamentariamente, que dispone de recursos humanos, tanto en su nivel directivo como productivo, que cuentan con la formación necesaria en prevención de riesgos laborales, y que dispone de una organización preventiva adecuada, y la inscripción en el registro correspondiente, o del deber de verificar dicha acreditación y registro por los subcontratistas con los que contrate, cuando se trate de trabajos con riesgos especiales conforme a la regulación reglamentaria de los mismos para las obras de construcción.

c) **Promotor** (art. 13.17 de la LISOS)

Permitir, a través de la actuación de la dirección facultativa, la aprobación de la ampliación excepcional de la cadena de subcontratación cuando manifiestamente no concurran las causas motivadoras de la misma previstas en la Ley reguladora de la subcontratación en el Sector de la Construcción, cuando se trate de trabajos con riesgos especiales conforme a la regulación reglamentaria de los mismos para las obras de construcción.

3.
DISPOSICIONES ESPECÍFICAS DE SEGURIDAD Y SALUD DURANTE LAS FASES DE PROYECTO Y EJECUCIÓN DE LAS OBRAS

En el Real Decreto 1627/1997, de 24 de octubre, se definen dos documentos que sirven de base para llevar a cabo las actuaciones precisas que permitan desarrollar los trabajos y garanticen un control adecuado de los riesgos generados:

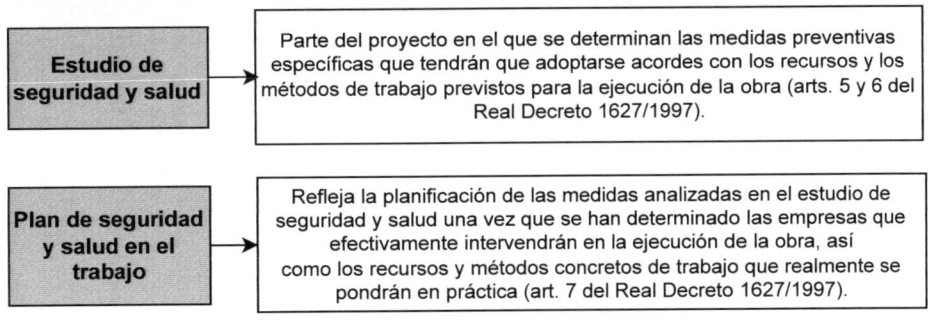

DOCUMENTOS BÁSICOS PARA GARANTIZAR EL CONTROL DE LOS RIESGOS GENERADOS EN LAS OBRAS

Estudio de seguridad y salud	Parte del proyecto en el que se determinan las medidas preventivas específicas que tendrán que adoptarse acordes con los recursos y los métodos de trabajo previstos para la ejecución de la obra (arts. 5 y 6 del Real Decreto 1627/1997).
Plan de seguridad y salud en el trabajo	Refleja la planificación de las medidas analizadas en el estudio de seguridad y salud una vez que se han determinado las empresas que efectivamente intervendrán en la ejecución de la obra, así como los recursos y métodos concretos de trabajo que realmente se pondrán en práctica (art. 7 del Real Decreto 1627/1997).

* En los proyectos de obras no incluidos en ninguno de los supuestos del art. 4.1 del Real Decreto 1627/1997, el promotor estará obligado a que, en la fase de redacción del proyecto, se elabore un **estudio básico de seguridad y salud.**

Atendiendo al Real Decreto 1627/1997, de 24 de octubre, por el que se establecen disposiciones mínimas de seguridad y salud en las obras de construcción, el promotor estará obligado a que, en la fase de redacción del proyecto, se elabore un **estudio de seguridad y salud** en los proyectos de obras en que se den alguno de los supuestos siguientes:

– Que el presupuesto de ejecución por contrata incluido en el proyecto sea igual o superior a 450.759,08 euros.

- Que la duración estimada sea superior a 30 días laborables, empleándose, en algún momento, a más de 20 trabajadores simultáneamente.

- Que el volumen de mano de obra estimada, entendiendo por tal la suma de los días de trabajo del total de los trabajadores en la obra, sea superior a 500.

- Las obras de túneles, galerías, conducciones subterráneas y presas.

En los proyectos de obras no incluidos en ninguno de los supuestos previstos en el apartado anterior, el promotor estará obligado a que, en la fase de redacción del proyecto, se elabore un **estudio básico de seguridad y salud**.

CUESTIÓN

¿Cómo se cuantifica el presupuesto, la duración estimada superior a 30 días y el volumen de mano de obra para determinar la exigencia del estudio de seguridad y salud frente al estudio básico de seguridad y salud?

El **presupuesto de ejecución** por contrata se obtiene aplicando: PEC = (PEM + GG + BI) X (1 + IVA)

Donde:

PEC = presupuesto de ejecución por contrata.

PEM = presupuesto de ejecución material.

GG = gastos generales.

BI = beneficio industrial.

IVA = Impuesto sobre el Valor Añadido

Para conocer si la **duración estimada es superior a 30 día**s laborables se puede aplicar la siguiente fórmula: ?i1 Ti x Di > 500

Donde:

i = período de tiempo durante el cual el número de trabajadores permanece constante.

Ti = N.º de trabajadores para cada periodo i.

Di = N.º de días de trabajo para cada periodo i.

Para computar el **número de trabajadores** se considerará el total de los necesarios para ejecutar la obra en el plazo previsto, con independencia de que en dicha ejecución participen una o varias empresas, o trabajadores autónomos.

3.1. Estudio de seguridad y salud y estudio básico de seguridad y salud en las obras

1. Estudio de seguridad y salud

El Estudio de Seguridad y Salud es el documento donde, partiendo de las actuaciones u obras programadas en el Proyecto de Ejecución o en el Proyecto Básico, se definen las medidas preventivas adecuadas a los riesgos que conlleva la realización de la obra. Además, es el instrumento mediante el cual el promotor informa al contratista sobre los aspectos más relevantes de la obra en relación con la prevención de riesgos laborales.

El estudio de seguridad y salud será elaborado por el técnico competente designado por el promotor. Cuando deba existir un coordinador en materia de seguridad y salud durante la elaboración del proyecto de obra, le corresponderá a este elaborar o hacer que se elabore, bajo su responsabilidad, dicho estudio.

Deberá formar parte del proyecto de ejecución de obra o, en su caso, del proyecto de obra, ser coherente con el contenido del mismo y recoger las medidas preventivas adecuadas a los riesgos que conlleve la realización de la obra, conteniendo, como mínimo, los siguientes documentos (art. 5 del Real Decreto 1627/1997, de 24 de octubre):

- Memoria descriptiva de los procedimientos, equipos técnicos y medios auxiliares que hayan de utilizarse o cuya utilización pueda preverse; identificación de los riesgos laborales que puedan ser evitados, indicando a tal efecto las medidas técnicas necesarias para ello; relación de los riesgos laborales que no puedan eliminarse conforme a lo señalado anteriormente, especificando las medidas preventivas y protecciones técnicas tendentes a controlar y reducir dichos riesgos y valorando su eficacia, en especial cuando se propongan medidas alternativas.

- Descripción de los servicios sanitarios y comunes de que deberá estar dotado el centro de trabajo de la obra, en función del número de trabajadores que vayan a utilizarlos.

- En la elaboración de la memoria habrán de tenerse en cuenta las condiciones del entorno en que se realice la obra, así como la tipología y características de los materiales y elementos que hayan de utilizarse, determinación del proceso constructivo y orden de ejecución de los trabajos.

- Pliego de condiciones particulares en el que se tendrán en cuenta las normas legales y reglamentarias aplicables a las especificaciones técnicas propias de la obra de que se trate, así como las prescripciones que se habrán de cumplir en relación con las características, la utilización y la conservación de las máquinas, útiles, herramientas, sistemas y equipos preventivos.

- Planos en los que se desarrollarán los gráficos y esquemas necesarios para la mejor definición y comprensión de las medidas preventivas definidas en la memoria, con expresión de las especificaciones técnicas necesarias.

- Mediciones de todas aquellas unidades o elementos de seguridad y salud en el trabajo que hayan sido definidos o proyectados.

- Presupuesto que cuantifique el conjunto de gastos previstos para la aplicación y ejecución del estudio de seguridad y salud.

El estudio de seguridad y salud a que se refieren los apartados anteriores deberá tener en cuenta, en su caso, cualquier tipo de actividad que se lleve a cabo en la obra, debiendo estar localizadas e identificadas las zonas en las que se presten trabajos incluidos en uno o varios de los apartados del anexo II del Real Decreto 1627/1997, de 24 de octubre, así como sus correspondientes medidas específicas.

> **A TENER EN CUENTA.** En el Plan de Seguridad y Salud en el Trabajo se analizarán y se desarrollarán las previsiones contenidas en el Estudio de Seguridad y Salud.
>
> Cabe recordar que la falta de alcance y contenido del estudio de SS está tipificada como infracción grave en el artículo 12.24 de la Ley sobre Infracciones y Sanciones en el Orden Social.

CUESTIÓN

¿Qué requisitos cumplirá el presupuesto para la aplicación y ejecución del estudio de seguridad y salud?

El presupuesto para la aplicación y ejecución del estudio de seguridad y salud deberá cuantificar el conjunto de gastos previstos, tanto por lo que se refiere a la suma total como a la valoración unitaria de elementos, con referencia al cuadro de precios sobre el que se calcula. Sólo podrán figurar partidas alzadas en los casos de elementos u operaciones de difícil previsión.

Las mediciones, calidades y valoración recogidas en el presupuesto del estudio de seguridad y salud podrán ser modificadas o sustituidas por alternativas propuestas por el contratista en el plan de seguridad y salud, previa justificación técnica debidamente motivada, siempre que ello no suponga disminución del importe total, ni de los niveles de protección contenidos en el estudio. A estos efectos, el presupuesto del estudio de seguridad y salud deberá ir incorporado al presupuesto general de la obra como un capítulo más del mismo.

No se incluirán en el presupuesto del estudio de seguridad y salud los costes exigidos por la correcta ejecución profesional de los trabajos, conforme a las normas reglamentarias en vigor y los criterios técnicos generalmente admitidos, emanados de organismos especializados.

2. Estudio básico de seguridad y salud

El estudio básico de seguridad y salud será elaborado por el técnico competente designado por el promotor. Cuando deba existir un coordinador en materia de seguridad y salud durante la elaboración del proyecto de obra, le corresponderá a este elaborar o hacer que se elabore, bajo su responsabilidad, dicho estudio.

El estudio básico deberá precisar las normas de seguridad y salud aplicables a la obra. A tal efecto, deberá contemplar (art. 6 del Real Decreto 1627/1997, de 24 de octubre):

- La identificación de los riesgos laborales que puedan ser evitados, indicando las medidas técnicas necesarias para ello.

- Relación de los riesgos laborales que no puedan eliminarse conforme a lo señalado anteriormente.

– Especificación de las medidas preventivas y protecciones técnicas tendentes a controlar y reducir dichos riesgos y valorando su eficacia, en especial cuando se propongan medidas alternativas.

– En su caso, tendrá en cuenta cualquier otro tipo de actividad que se lleve a cabo en la misma y contendrá medidas específicas relativas a los trabajos incluidos en uno o varios de los apartados del anexo II del Real Decreto 1627/1997, de 24 de octubre.

> **A TENER EN CUENTA.** En el estudio de seguridad y salud —y en el estudio básico— se contemplarán también las previsiones y las informaciones útiles para efectuar en su día, en las debidas condiciones de seguridad y salud, los previsibles trabajos posteriores.

3.2. Plan de seguridad y salud en el trabajo

Este plan constituye el instrumento básico de ordenación de las actividades de identificación y, en su caso, evaluación de los riesgos (arts. 3-7 del RSP) y planificación de la actividad preventiva (arts. 8-9 del RSP) en las obras de construcción. Este documento permite al contratista la gestión del conjunto de sus actuaciones en la obra en las que, junto con los aspectos productivos, se integran los preventivos (art. 7.3 del Real Decreto 1627 /1997).

En aplicación del estudio de seguridad y salud o, en su caso, del estudio básico, cada contratista elaborará un plan de seguridad y salud en el trabajo en el que se analicen, estudien, desarrollen y complementen las previsiones contenidas en el estudio o estudio básico, en función de su propio sistema de ejecución de la obra. En dicho plan se incluirán, en su caso, las propuestas de medidas alternativas de prevención que el contratista proponga con la correspondiente justificación técnica, que no podrán implicar disminución de los niveles de protección previstos en el estudio o estudio básico.

En el caso de planes de seguridad y salud elaborados en aplicación del estudio de seguridad y salud, las propuestas de medidas alternativas de prevención incluirán la valoración económica de las mismas, que no podrá implicar disminución del importe total.

El plan de seguridad y salud deberá ser aprobado, antes del inicio de la obra, por el coordinador en materia de seguridad y de salud durante la ejecución de la obra. Cuando no sea necesaria la designación de coordinador, las funciones que se le atribuyen en los párrafos anteriores serán asumidas por la dirección facultativa (art. 7.2 del Real Decreto 1627/1997).

> **A TENER EN CUENTA.** En el caso de obras de las Administraciones públicas, el plan, con el correspondiente informe del coordinador en materia de seguridad y de salud durante la ejecución de la obra, se elevará para su aprobación a la Administración pública que haya adjudicado la obra.

El plan de seguridad y salud podrá ser modificado por el contratista en función del proceso de ejecución de la obra, de la evolución de los trabajos y de las posibles incidencias o modificaciones que puedan surgir a lo largo de la obra, pero siempre con la aprobación expresa del coordinador en materia de seguridad y de salud. Quienes intervengan en la ejecución de la obra, así como las personas u órganos con responsabilidades en materia de prevención en las empresas intervinientes en la misma y los representantes de los trabajadores, podrán presentar, por escrito y de forma razonada, las sugerencias y alternativas que estimen oportunas. A tal efecto, el plan de seguridad y salud estará en la obra a disposición permanente de los mismos.

Asimismo, el plan de seguridad y salud estará en la obra a disposición permanente de la dirección facultativa.

Siguiendo la Guía técnica para el evaluación y prevención de riesgos relativos a las obras de construcción del INSS, en el plan de SST se dejará constancia de:

- Las medidas concretas a implantar para controlar los riesgos derivados de la concurrencia de empresas.

- Los procedimientos de trabajo, dentro de cada fase de la obra, para cada actuación que tenga una entidad propia desde el punto de vista de la seguridad y salud.

A modo de orientación, y de forma no exhaustiva, sería recomendable que cada procedimiento reflejado en el plan contemplase lo siguiente:

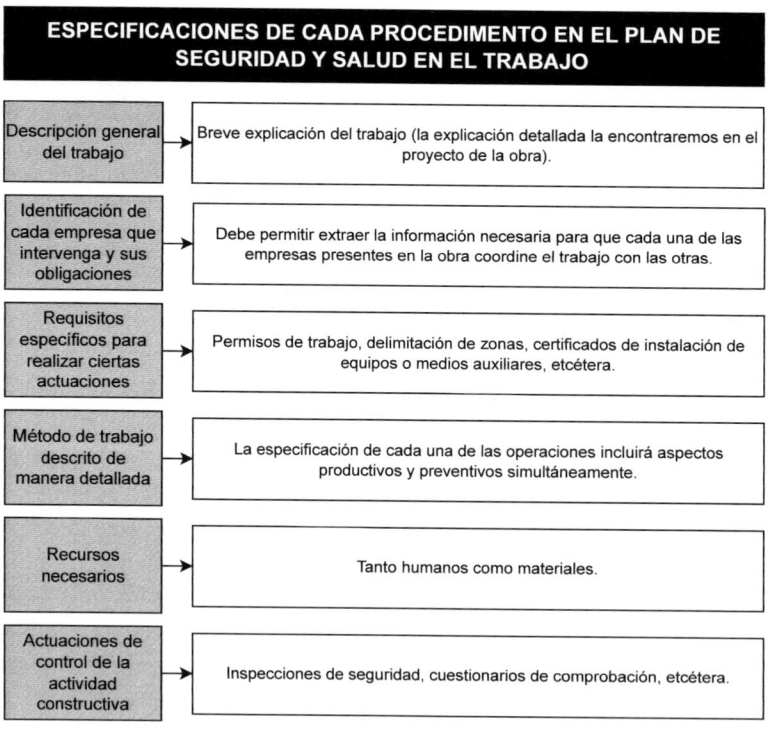

ESPECIFICACIONES DE CADA PROCEDIMENTO EN EL PLAN DE SEGURIDAD Y SALUD EN EL TRABAJO

Descripción general del trabajo	Breve explicación del trabajo (la explicación detallada la encontraremos en el proyecto de la obra).
Identificación de cada empresa que intervenga y sus obligaciones	Debe permitir extraer la información necesaria para que cada una de las empresas presentes en la obra coordine el trabajo con las otras.
Requisitos específicos para realizar ciertas actuaciones	Permisos de trabajo, delimitación de zonas, certificados de instalación de equipos o medios auxiliares, etcétera.
Método de trabajo descrito de manera detallada	La especificación de cada una de las operaciones incluirá aspectos productivos y preventivos simultáneamente.
Recursos necesarios	Tanto humanos como materiales.
Actuaciones de control de la actividad constructiva	Inspecciones de seguridad, cuestionarios de comprobación, etcétera.

La aprobación del plan de seguridad y salud en el trabajo por parte del coordinador o, en su caso, de la dirección facultativa **debe quedar documentada**. Se recomienda prestar especial atención a dos supuestos a estos efectos:

– Acta de aprobación del plan de seguridad y salud por el coordinador en materia de seguridad en obras de carácter privado cuando es necesaria la designación del coordinador en materia de seguridad y de salud durante la ejecución de la obra.

– Acta de aprobación del plan de seguridad y salud por la dirección facultativa en obras de carácter privado cuando no es necesaria la designación del coordinador en materia de seguridad y de salud durante la ejecución de la obra.

CUESTIONES

1. ¿Un Plan de Seguridad y Salud en el Trabajo es lo mismo que un Plan de Prevención de Riesgos Laborales?

No. El Plan de Seguridad y Salud en el Trabajo debe ser elaborado para cada obra específica, mientras que el Plan de Prevención de Riesgos Laborales integra la actividad preventiva de la empresa en su sistema general de gestión.

En el plan de seguridad y salud, el contratista identifica, planifica, organizar y controlar para cada obra: todas las actividades preventivas; los distintos procedimientos de trabajo; los riesgos existentes y las medidas preventivas que se deben tomar en cada caso, con el objetivo de controlarlos y eliminarlos.

2. ¿Cuál es la diferencia entre el estudio de seguridad y salud y el plan de seguridad y salud en el trabajo?

La diferencia fundamental entre ambas figuras es la determinación en la fase previa al inicio de la obra, tanto del número de empresas que intervendrán en la misma, como de los equipos y métodos de trabajo que utilizará e implantará cada una de ellas.

El estudio de seguridad y salud integrará en el proyecto la prevención de riesgos laborales de forma que cada una de las actuaciones derivadas de su aplicación se lleven a cabo con garantías desde el punto de vista de la seguridad y salud de los trabajadores implicados en la construcción de la obra.

3. ¿Los documentos que configuran el estudio de seguridad y salud son los mismos que configuran el plan de seguridad y salud en el trabajo?

Los documentos que conforman un plan de SST no tienen por qué coincidir con aquellos propios del estudio. La normativa no determina obligación alguna en relación con la estructura del plan de seguridad y salud en el trabajo, limitándose únicamente a delimitar su función y alcance. En la práctica, la estructura del plan de SST puede coincidir con la programación general de la obra.

3.3. Coordinación en materia de seguridad y de salud

En las obras incluidas en el ámbito de aplicación del Real Decreto 1627/1997, de 24 de octubre, cuando en la elaboración del proyecto de obra intervengan varios proyectistas, el promotor designará un **coordinador en materia de seguridad y de salud durante la elaboración del proyecto de obra**.

Cuando en la ejecución de la obra intervenga más de una empresa, o una empresa y trabajadores autónomos o diversos trabajadores autónomos, el promotor, antes del inicio de los trabajos o tan pronto como se constate dicha circunstancia, designará un **coordinador en materia de seguridad y salud durante la ejecución de la obra**.

Ambas figuras (que podrán recaer en la misma persona) son definidas como:

- Coordinador en materia de seguridad y de salud durante la elaboración del proyecto de obra: el técnico competente designado por el promotor para coordinar, durante la fase del proyecto de obra, la aplicación de los principios que se mencionan en el artículo 8 del Real Decreto 1627/1997, de 24 de octubre.

- Coordinador en materia de seguridad y de salud durante la ejecución de la obra: el técnico competente integrado en la dirección facultativa, designado por el promotor para llevar a cabo las tareas que se mencionan en el artículo 9 del Real Decreto 1627/1997, de 24 de octubre.

COORDINACIÓN DE SEGURIDAD Y SALUD

Coordinación de seguridad y salud en fase de proyecto

- Durante la elaboración del proyecto de obra, es el encargado de coordinar la aplicación de los principios generales de prevención en materia de seguridad y de salud (art. 8 del Real Decreto 1627/1997).
- Participa en el estudio y elaboración del proyecto de obra.
- Toma de decisiones constructivas, técnicas y de organización.
- Planificación de los distintos trabajos o fases de trabajo simultáneos o sucesivos.
- Etcétera.

Coordinación de seguridad y salud en fase de obra

- Coordinar la aplicación de los principios generales de prevención y de seguridad (art. 9 del Real Decreto 1627/1997).
- Planificación de los distintos trabajos o fases de trabajo simultáneos o sucesivos.
- Toma de decisiones constructivas, técnicas y de organización.
- Coordinar las actividades de la obra para garantizar que los distintos agentes apliquen los principios de la acción preventiva (art. 15 de la LPRL y art. 10 del Real Decreto 1627/1997.
- Aprobar el Plan de Seguridad y Salud elaborado por el contratista.
- Aprobar las modificaciones introducidas el Plan de Seguridad y Salud elaborado por el contratista.
- Organizar la coordinación de actividades empresariales prevista (art. 24 de la LPRL).
- Coordinar la aplicación correcta de los métodos de trabajo definidos.
- Adoptar las medidas necesarias para el acceso a la obra únicamente por parte del personal autorizado.
- Etcétera.

De conformidad con la Ley de Prevención de Riesgos Laborales, los principios de la acción preventiva que se recogen en su artículo 15 se aplicarán durante la ejecución de la obra y, en particular, en las siguientes tareas o actividades:

- El mantenimiento de la obra en buen estado de orden y limpieza.

- La elección del emplazamiento de los puestos y áreas de trabajo, teniendo en cuenta sus condiciones de acceso y la determinación de las vías o zonas de desplazamiento o circulación.

- La manipulación de los distintos materiales y la utilización de los medios auxiliares.

- El mantenimiento, el control previo a la puesta en servicio y el control periódico de las instalaciones y dispositivos necesarios para la ejecución de la obra, con objeto de corregir los defectos que pudieran afectar a la seguridad y salud de los trabajadores.

- La delimitación y el acondicionamiento de las zonas de almacenamiento y depósito de los distintos materiales, en particular, si se trata de materias o sustancias peligrosas.

- La recogida de los materiales peligrosos utilizados.

- El almacenamiento y la eliminación o evacuación de residuos y escombros.

- La adaptación, en función de la evolución de la obra, del período de tiempo efectivo que habrá de dedicarse a los distintos trabajos o fases de trabajo.

- La cooperación entre los contratistas, subcontratistas y trabajadores autónomos.

- Las interacciones e incompatibilidades con cualquier otro tipo de trabajo o actividad que se realice en la obra o cerca del lugar de la obra.

Completando la información anterior (y como desarrollamos al tratar las especificaciones en materia de coordinación de actividades empresariales en el sector de la construcción) es necesario concretar que el Real Decreto 171/2004, de 30 de enero, por el que se desarrolla el artículo 24 de la Ley 31/1995, de 8 de noviembre, de Prevención de Riesgos Laborales, en materia de **coordinación de actividades empresariales,** concluye en su D.A. 1.ª (relativa a su aplicación en las obras de construcción) que las obras incluidas en el ámbito de aplicación del Real Decreto 1627/1997, de 24 de octubre, se regirán por esta normativa específica y sus propios medios de coordinación (estudio de seguridad y salud en el trabajo durante la fase de proyecto elaborado a instancias del promotor, existencia de un coordinador de seguridad y salud durante la realización de la obra, plan de seguridad y salud realizado por el contratista, etcétera). A efectos del cumplimiento de la coordinación de actividades empresariales, se tendrá en cuenta lo siguiente:

a) Información del empresario titular

La obligación de información del empresario titular a los otros empresarios concurrentes (art. 7 del Real Decreto 171/2004, de 30 de enero) se entenderá cumplida por el promotor mediante el estudio de seguridad y salud o el estudio básico, en los términos establecidos en los arts. 5 y 6 del Real Decreto 1627/1997, de 24 de octubre.

b) Instrucciones del empresario titular

Respecto a la obligación del empresario titular de suministrar a los empresarios concurrentes instrucciones para la prevención de los riesgos (art. 8 del Real Decreto 171/2004, de 30 de enero), estas se entenderán cumplidas por el promotor mediante las impartidas por el coordinador de seguridad y salud durante la ejecución de la obra, cuando tal figura exista; en otro caso, serán impartidas por la dirección facultativa.

c) Concurrencia de trabajadores de varias empresas en un centro de trabajo cuando existe un empresario principal

El capítulo IV desarrolla el apartado 3 del artículo 24 de la Ley 31/1995, de 8 de noviembre, de Prevención de Riesgos Laborales y se refiere al deber de vigilancia encomendado por la ley a las empresas que contraten o subcontraten con otras la realización de obras o servicios correspondientes a la propia actividad de aquellas y que se desarrolla en sus propios centros de trabajo. El deber de vigilancia, sin perjuicio de lo establecido en el artículo 42.3 del texto refundido de la Ley de Infracciones y Sanciones en el Orden Social, aprobado por el Real Decreto legislativo 5/2000, de 4 de agosto, da lugar a la realización de determinadas comprobaciones por parte del empresario principal: que la empresa contratista o subcontratista dispone de la evaluación de los riesgos y de planificación de la actividad preventiva, que dichas empresas han cumplido sus obligaciones en materia de formación e información y que han establecido los medios de coordinación necesarios.

Las medidas establecidas en el capítulo IV del Real Decreto 171/2004, de 30 de enero para el empresario principal corresponden al contratista definido en el artículo 2.1.h) del Real Decreto 1627/1997, de 24 de octubre.

d) Medios de coordinación

El capítulo VI del Real Decreto 171/2004, de 30 de enero está dedicado, en el marco de la normativa vigente, a los derechos de los representantes de los trabajadores, y destaca, junto a la información a los delegados de prevención o, en su defecto, representantes legales de los trabajadores sobre las situaciones de concurrencia de actividades empresariales en el centro de trabajo, su participación en tales situaciones en la medida en que repercuta en la seguridad y salud de los trabajadores por ellos representados. Se contempla asimismo la posibilidad ya apuntada por el artículo 39 de la Ley 31/1995, de 8 de noviembre, de Prevención de Riesgos Laborales, de realización de reuniones conjuntas de los comités de seguridad y salud, matizándose que dichas reuniones podrán ser con los propios empresarios cuando la empresa carezca de dicho comité

En el caso de las obras de construcción, los medios de coordinación en este sector serán los establecidos en Real Decreto 1627/1997, de 24 de octubre, y en la D.A. 14.ª de la Ley 31/1995, de 8 de noviembre, de Prevención de Riesgos Laborales, así como cualesquiera otros complementarios que puedan establecer las empresas concurrentes en la obra.

CUESTIÓN

¿Qué documentación se genera para justificar la coordinación de seguridad y salud en el trabajo?

A modo no exhaustivo:

– Acta de nombramiento del Coordinador de Seguridad y Salud en obra.

– Plan de Seguridad y Salud.

– Acta de aprobación del plan de seguridad y salud en el trabajo y de modificaciones del plan inicial.

– Informe favorable sobre el Plan de Seguridad y Salud en el trabajo y sobre modificaciones del plan inicial.

– Libro de Incidencias.

– Comunicación de apertura del centro de trabajo del contratista.

– Acta de reunión inicial de Coordinación de Seguridad y Salud en Obra.

– Actas de reuniones periódicas de Coordinación de Seguridad y Salud en Obra.

– Acta de finalización de Coordinación de seguridad y salud en obra.

3.4. Proyecto de obra

Se entiende como «proyecto de obra» o «proyecto de ejecución» el conjunto de documentos mediante los cuales se definen y determinan las exigencias técnicas de las obras de construcción, de acuerdo con las especificaciones requeridas por la normativa técnica aplicable a cada obra.

El proyectista (autor, por encargo del promotor, de la totalidad o parte del proyecto de obra) deberá tomar en consideración los principios generales de prevención (art. 15 de la LPRL) en las fases de concepción, estudio y elaboración del proyecto de obra. El art. 8 del Real Decreto 1627/1997, de 24 de octubre recalca el cumplimiento de esos principios, en particular:

– Al tomar las decisiones constructivas, técnicas y de organización con el fin de planificar los distintos trabajos o fases de trabajo que se desarrollarán simultánea o sucesivamente.

– Al estimar la duración requerida para la ejecución de estos distintos trabajos o fases del trabajo.

Como hemos dicho, el contratista debe planificar los trabajos integrando la prevención de riesgos laborales en todas sus decisiones y actividades, por lo que, a modo orientativo, podemos concretar una serie de fases del proceso de integración de la prevención de riesgos laborales en el proyecto de una obra:

1. Etapa de diseño. Donde se identifican las necesidades y bases del proyecto mediante la recopilación de la información necesaria para identificar los riesgos que se pueden presentar y las medidas que se deben adoptar para evitarlos.

2. Etapa de contratación. Selección del contratista adecuado para la ejecución de la obra.

3. Etapa de planificación, organización y concreción del proyecto. Esta etapa engloba desde el estudio de las condiciones del terreno y las estructuras a realizar a la concreción del plan de obra, procedimientos constructivos, equipos, materiales a la elaboración de pliegos, planos, presupuestos, etcétera.

4. Elaboración del estudio de seguridad y salud siguiendo las previsiones del art. 5 del Real Decreto 1627/1997, de 24 de octubre.

5. Planificación previa al comienzo de los trabajos. Definiendo las actuaciones a seguir antes del comienzo de la obra y la coordinación de los distintos agentes.

6. Etapa de ejecución. Donde será necesario realizar un seguimiento del trabajo, reuniones, visitas a la obra, etc. con objeto de comprobar que se cumple con lo planificado y, de ser necesario, modificar o adaptar la planificación inicial.

7. Finalización y aportación de la documentación necesaria. El contratista debe aportar al promotor todo documento o dato relevante sobre el elemento construido.

> **A TENER EN CUENTA.** Las NTP 1126 y 1127 especifican una serie de recomendaciones para la integración de la PRL en el diseño de obras de construcción aplicables al proyecto de obra.

En aquellas **obras en las que no fuese necesario proyecto,** no resultará obligatoria la redacción de un Plan de Seguridad y Salud pero resultará obligatorio estudiar y evaluar los riesgos que vaya a generar la obra, las medidas preventivas a tomar para eliminarlos o atenuarlos, etcétera, plasmando todo ello en un documento o procedimiento de trabajo.

CUESTIONES

1. ¿Cuándo es exigible un proyecto de obra?

En función del tipo de obra, ha de analizarse la exigencia en la siguiente normativa:

- Real Decreto Legislativo 7/2015, de 30 de octubre, por el que se aprueba el texto refundido de la Ley de Suelo y Rehabilitación Urbana.

- Real Decreto 314/2006, de 17 de marzo, por el que se aprueba el Código Técnico de la Edificación.- Ley 21/1992, de 16 de julio, de Industria.

- Ley 37/ 2015, de 29 de septiembre, de Carreteras.

- Ley 38/1999, de 5 de noviembre, de Ordenación de la Edificación (LOE).

- Ley 11/2022, de 28 de junio, General de Telecomunicaciones

- Ley 38/2015, de 29 de septiembre, del Sector Ferroviario.

- Real Decreto Legislativo 2/2011, de 5 de septiembre, por el que se aprueba el Texto Refundido de la Ley de Puertos del Estado y de la Marina Mercante.

2. ¿Cuándo no es exigible un proyecto de obra?

Según la Guía técnica para la evaluación y prevención de los riesgos relativos a las obras de construcción. INSST. Año 2019, podrán ejecutarse sin contar con proyecto previo (por ser obra menor):

> – Obras en las que el proyecto no es exigible para su tramitación administrativa (pintura de fachadas, patios, cajas de escalera, etcétera; montaje y desmontaje de: instalaciones, montantes, bajantes, canalones, etcétera; cableado de fachadas, etcétera).
>
> – Obras de emergencia (reparación urgente de un dique de contención; demolición por peligro inminente; refuerzos urgentes de estructuras o edificios; reparación de socavones, etcétera).
>
> **3. ¿Qué documentos constituyen la documentación técnica de un proyecto de obra?**
>
> Como mínimo: memoria, pliego de condiciones, planos, mediciones y presupuesto. También se incluirá en esta documentación el estudio o estudio básico de seguridad y salud, según el caso.

3.5. Evaluación de riesgos

El art. 16 de la LPRL, bajo la denominación «Plan de prevención de riesgos laborales, evaluación de los riesgos y planificación de la actividad preventivo», fija la necesidad de que la PRL se integre en el sistema general de gestión de la empresa, tanto en el conjunto de sus actividades como en todos los niveles jerárquicos de esta, a través de la implantación y aplicación de un plan de prevención de riesgos laborales a que se refiere el párrafo siguiente.

Como hemos analizado, **para obras con proyecto**, el plan de seguridad y salud en el trabajo (art. 7.3 de la Real Decreto 1627/1997, de 24 de octubre) constituye el instrumento básico de ordenación de las actividades de identificación y, en su caso, evaluación de los riesgos y planificación de la actividad preventiva. En las **obras sin proyecto** en las que no fuese exigible el plan de seguridad y salud, se acompañará de la correspondiente evaluación de riesgos (art. 2.2 de la Orden TIN/1071/2010, de 27 de abril).

Atendiendo a la existencia de legislación específica, normas, guías técnicas o recomendaciones que establezcan procedimiento, o métodos especializados de análisis, la evaluación de riesgos ha de seguir distintos parámetros.

Cuando no exista una normativa, métodos especializados específicos o no se recojan características para la empresa en normas, guías técnicas o recomendaciones, podrá seguirse el método de evaluación general de riesgos.

La evaluación de riesgos deberá ser actualizada cuando cambien las condiciones de trabajo [arts. 16 de la LPRL y 4 del RSP].

4.
COORDINACIÓN DE ACTIVIDADES EMPRESARIALES EN EL SECTOR DE LA CONSTRUCCIÓN

La coordinación de actividades empresariales en el sector de la construcción es crucial para la prevención de riesgos laborales. La legislación española establece un marco detallado para garantizar la seguridad y salud en las obras de construcción, destacando la importancia de algunos aspectos que ya hemos tratado como del estudio de seguridad y salud, la designación de coordinadores de seguridad y salud, y la implementación de planes de seguridad y salud en el trabajo.

En esta punto, el Real Decreto 1627/1997, de 24 de octubre, complementa lo establecido en el Real Decreto 171/2004, de 30 de enero, en las siguientes materias:

1. Información del empresario titular a los otros empresarios concurrentes sobre los riesgos propios del centro de trabajo o las instrucciones que este debe proporcionar a los empresarios concurrentes para la prevención de los riesgos existentes

El Real Decreto 171/2004, de 30 de enero, ha fijado una serie de convalidaciones respecto a la figura del promotor o contratista, como son:

- El deber de información del empresario titular a los otros empresarios concurrentes sobre los riesgos propios del centro de trabajo que puedan afectar a las actividades por ellos desarrolladas, las medidas referidas a la prevención de tales riesgos y las medidas de emergencia que se deben aplicar (art. 7 del Real Decreto 171/2004, de 30 de enero) se entenderá cumplido por el promotor mediante el estudio de seguridad y salud o el estudio básico, en los términos establecidos en los artículos 5 y 6 del Real Decreto 1627/1997, de 24 de octubre.

- El deber del empresario titular de aportar al resto de empresarios concurrentes instrucciones para la prevención de los riesgos existentes en el centro de trabajo que puedan afectar a los trabajadores de las empresas concurrentes y sobre las medidas que deben aplicarse cuando se produzca una situación de emergencia (art. 8 del Real Decreto 171/2004, de 30 de enero), se entenderá cumplido por el promotor mediante las impartidas por el coordinador de seguridad y salud durante la ejecución de la obra, cuando tal figura exista; en otro caso, serán impartidas por la dirección facultativa.

– Las medidas establecidas sobre el deber de vigilancia del empresario principal (art. 10 del Real Decreto 171/2004, de 30 de enero) corresponden al contratista [art. 2.1.h) del Real Decreto 1627/1997, de 24 de octubre].

2. Designación de los coordinadores en materia de seguridad y salud

– En las obras incluidas en el ámbito de aplicación del Real Decreto 1627/1997, de 24 de octubre, cuando en la elaboración del proyecto de obra intervengan varios proyectistas, el promotor designará un coordinador en materia de seguridad y de salud durante la elaboración del proyecto de obra.

– Cuando en la ejecución de la obra intervenga más de una empresa, o una empresa y trabajadores autónomos o diversos trabajadores autónomos, el promotor, antes del inicio de los trabajos o tan pronto como se constate dicha circunstancia, designará un coordinador en materia de seguridad y salud durante la ejecución de la obra.

– La designación de los coordinadores en materia de seguridad y salud durante la elaboración del proyecto de obra y durante la ejecución de la obra podrá recaer en la misma persona.

– La designación de los coordinadores no eximirá al promotor de sus responsabilidades.

3. Obligatoriedad del estudio de seguridad y salud o del estudio básico de seguridad y salud en las obras

El promotor estará obligado a que en la fase de redacción del proyecto se elabore un estudio de seguridad y salud en los proyectos de obras en que se den alguno de los supuestos siguientes:

– Que el presupuesto de ejecución por contrata incluido en el proyecto sea igual o superior a 75 millones de pesetas.

– Que la duración estimada sea superior a 30 días laborables, empleándose en algún momento a más de 20 trabajadores simultáneamente.

– Que el volumen de mano de obra estimada, entendiendo por tal la suma de los días de trabajo del total de los trabajadores en la obra, sea superior a 500.

– Las obras de túneles, galerías, conducciones subterráneas y presas.

En los proyectos de obras no incluidos en ninguno de los supuestos previstos en el apartado anterior, el promotor estará obligado a que, en la fase de redacción del proyecto, se elabore un estudio básico de seguridad y salud.

El estudio de seguridad y salud será elaborado por el técnico competente designado por el promotor. Cuando deba existir un coordinador en materia de seguridad y salud durante la elaboración del proyecto de obra, le corresponderá a este elaborar o hacer que se elabore, bajo su responsabilidad, dicho estudio. Contendrá, como mínimo, los siguientes documentos:

- Memoria descriptiva de los procedimientos, equipos técnicos y medios auxiliares que hayan de utilizarse o cuya utilización pueda preverse; identificación de los riesgos laborales que puedan ser evitados, indicando a tal efecto las medidas técnicas necesarias para ello; relación de los riesgos laborales que no puedan eliminarse conforme a lo señalado anteriormente, especificando las medidas preventivas y protecciones técnicas tendentes a controlar y reducir dichos riesgos y valorando su eficacia, en especial cuando se propongan medidas alternativas.

- Asimismo, se incluirá la descripción de los servicios sanitarios y comunes de que deberá estar dotado el centro de trabajo de la obra, en función del número de trabajadores que vayan a utilizarlos.

- En la elaboración de la memoria habrán de tenerse en cuenta las condiciones del entorno en que se realice la obra, así como la tipología y características de los materiales y elementos que hayan de utilizarse, determinación del proceso constructivo y orden de ejecución de los trabajos.

- Pliego de condiciones particulares en el que se tendrán en cuenta las normas legales y reglamentarias aplicables a las especificaciones técnicas propias de la obra de que se trate, así como las prescripciones que se habrán de cumplir en relación con las características, la utilización y la conservación de las máquinas, útiles, herramientas, sistemas y equipos preventivos.

- Planos en los que se desarrollarán los gráficos y esquemas necesarios para la mejor definición y comprensión de las medidas preventivas definidas en la memoria, con expresión de las especificaciones técnicas necesarias.

- Mediciones de todas aquellas unidades o elementos de seguridad y salud en el trabajo que hayan sido definidos o proyectados.

- Presupuesto que cuantifique el conjunto de gastos previstos para la aplicación y ejecución del estudio de seguridad y salud.

4. Plan de seguridad y salud en el trabajo

En relación con los puestos de trabajo en la obra, el plan de seguridad y salud en el trabajo constituye el instrumento básico de ordenación de las actividades de identificación y, en su caso, evaluación de los riesgos y planificación de la actividad preventiva. En aplicación del estudio de seguridad y salud o, en su caso, del estudio básico, cada contratista elaborará un plan de seguridad y salud en el trabajo en el que se analicen, estudien, desarrollen y complementen las previsiones contenidas en el estudio o estudio básico, en función de su propio sistema de ejecución de la obra. En dicho plan se incluirán, en su caso, las propuestas de medidas alternativas de prevención que el contratista proponga con la correspondiente justificación técnica, que no podrán implicar disminución de los niveles de protección previstos en el estudio o estudio básico.

En el caso de planes de seguridad y salud elaborados en aplicación del estudio de seguridad y salud las propuestas de medidas alternativas de prevención incluirán la valoración económica de las mismas, que no podrá implicar disminución del importe total.

El plan de seguridad y salud deberá ser aprobado, antes del inicio de la obra, por el coordinador en materia de seguridad y de salud durante la ejecución de la obra y podrá ser modificado por el contratista en función del proceso de ejecución de la obra, de la evolución de los trabajos y de las posibles incidencias o modificaciones que puedan surgir a lo largo de la obra, pero siempre con aprobación expresa. Del mismo modo, quienes intervengan en la ejecución de la obra, así como las personas u órganos con responsabilidades en materia de prevención en las empresas intervinientes en la misma y los representantes de los trabajadores, podrán presentar, por escrito y de forma razonada, las sugerencias y alternativas que estimen oportunas. A tal efecto, el plan de seguridad y salud estará en la obra a disposición permanente de los mismos.

Asimismo, el plan de seguridad y salud estará en la obra a disposición permanente de la dirección facultativa.

5. Presencia de recursos preventivos en obras de construcción

Se considera recurso preventivo a una o varias personas designadas o asignadas por la empresa, con formación y capacidad adecuada, que dispone de los medios y recursos necesarios, y son suficientes en número para vigilar el cumplimiento de las actividades preventivas que así lo requieran.

> **A TENER EN CUENTA.** La D.A. 14.ª de la LPRL, la D.A. 10.ª del RSP y la D.A. Única del Real Decreto 1627/1997, de 24 de octubre, señalan de manera específica **peculiaridades para la presencia de recursos preventivos en obras de construcción.**

Si bien el marco legal de esta figura se compone del art. 32 bis de la LPRL —presencia de los recursos preventivos—, los apdos. 4 y 5 del art. 22 bis del RSP —complementa las funciones del recurso preventivo de la LPRL— y la D.A. 14.ª de la LPRL —presencia de recursos preventivos en las obras de construcción—, sin ser conceptuada propiamente, «la NTP 994: El recurso preventivo. INSST. Año: 2013» la define como «una o varias personas designadas o asignadas por la empresa, con formación y capacidad adecuada, que dispone de los medios y recursos necesarios, y son suficientes en número para vigilar el cumplimiento de las actividades preventivas que así lo requieran».

Complementando la definición, matizamos lo siguiente:

- Designados como recursos preventivos, para garantizar el ejercicio de sus funciones, el art. 30.4 de la LPRL les otorga las mismas **garantías** que a los representantes de los trabajadores [arts. 68 a), b) y c) y 56.4 del ET].

- No se contempla responsabilidad administrativa alguna para las personas asignadas o designadas como recursos preventivos, sin perjuicio de las responsabilidades en los órdenes penal o civil en que puedan incurrir por sus acciones u omisiones.

La designación o asignación debe realizarse por escrito mediante la utilización de un documento de nombramiento (acta). No existe limitación legal para nombrar —de forma temporal o indefinidamente— recursos preventivos. No obstante, los designados o asignados habrán de recibir formación preventiva, tendrán que ser conscientes de su nombramiento y deberán conocer sus funciones.

Según el art. 32.2 bis de la LPRL, pueden ser designadas:

- Una o varias personas trabajadoras designadas de la empresa (asociándose al poder de dirección del empresario reflejado en el art. 30 de la LPRL).

- Una o varias personas del servicio de prevención propio de la empresa.

- Una o varias personas del servicio o servicios de prevención ajenos concertados por la empresa.

En este caso, la obligación de aceptar el puesto emana del poder de dirección del empresario, siempre que se reúnan las exigencias de formación y capacidad que exija la función a desarrollar y así se haya fijado en la planificación de la actividad preventiva.

Del mismo modo, el empresario podrá asignar también la presencia de forma expresa a uno o varios trabajadores de la empresa, aunque no formen parte del servicio de prevención propio ni sean trabajadores designados. En cualquier caso, el empresario **debe identificar, ante el resto de los trabajadores de la empresa, quién es el trabajador asignado o designado como recurso preventivo** para que dichos trabajadores tengan conocimiento de su designación y pueda este cumplir con sus funciones. Entre otras vías para esta asignación/designación, destacan las siguientes:

- Mediante la utilización de pegatinas identificativas en el casco de protección.

- Mediante la utilización de chalecos o chaquetas de alta visibilidad.

- Mediante la colocación, en los controles de accesos, casetas de obra o en los paneles de las empresas de la relación de los trabajadores designados o asignados para la tarea en cuestión.

Para ser recurso preventivo, las personas trabajadoras deben contar con la **formación preventiva correspondiente**, como mínimo, a las funciones del nivel básico, complementada con formación teórico y práctica específica sobre los trabajos, técnicas a desarrollar, normas, riesgos y medidas preventivas a aplicar, en las actividades a vigilar, que determinaron su presencia.

> **A TENER EN CUENTA.** Esta figura es una medida preventiva complementaria y en ningún caso podrá ser utilizada para sustituir cualquier medida de prevención o protección que sea preceptiva.

Dentro de las denominadas **«infracciones en materia de prevención de riesgos laborales graves»**, la LISOS contempla dos aspectos como infracción (art. 12.15 de la LISOS):

- No designar a uno o varios trabajadores para ocuparse de las actividades de protección y prevención en la empresa o no organizar o concertar un servicio de prevención cuando ello sea preceptivo, o no dotar a los recursos preventivos de los medios que sean necesarios para el desarrollo de las actividades preventivas.

- La falta de presencia de los recursos preventivos cuando ello sea preceptivo o el incumplimiento de las obligaciones derivadas de su presencia.

Se considera **muy grave** la «falta de presencia de los recursos preventivos cuando ello sea preceptivo o el incumplimiento de las obligaciones derivadas de su presencia, cuando se trate de actividades reglamentariamente consideradas como peligrosas o con riesgos especiales» [art. 13.8.b) de la LISOS].

Igualmente, pueden resultar sancionables en relación con los recursos preventivos los siguientes supuestos:

Arts. 12.1.b) y 12.23.a) de la LISOS (infracción grave)

Art 12.1 b): «No llevar a cabo las evaluaciones de riesgos y, en su caso, sus actualizaciones y revisiones, así como los controles periódicos de las condiciones de trabajo y de la actividad de los trabajadores que procedan, o no realizar aquellas actividades de prevención que hicieran necesarias los resultados de las evaluaciones, con el alcance y contenido establecidos en la normativa sobre prevención de riesgos laborales».

Art. 12.23: «a) Incumplir la obligación de elaborar el plan de seguridad y salud en el trabajo con el alcance y contenido establecidos en la normativa de prevención de riesgos laborales, en particular por carecer de un contenido real y adecuado a los riesgos específicos para la seguridad y la salud de los trabajadores de la obra o por no adaptarse a las características particulares de las actividades o los procedimientos desarrollados o del entorno de los puestos de trabajo».

Art. 12.6 de la LISOS (infracción grave)

«Incumplir la obligación de efectuar la planificación de la actividad preventiva que derive como necesaria de la evaluación de riesgos, o no realizar el seguimiento de la misma, con el alcance y contenido establecidos en la normativa de prevención de riesgos laborales».

Art. 12.8 de la LISOS (infracción grave)

«El incumplimiento de las obligaciones en materia de formación e información suficiente y adecuada a los trabajadores acerca de los riesgos del puesto de trabajo susceptibles de provocar daños para la seguridad y salud y sobre las medidas preventivas aplicables, salvo que se trate de infracción muy grave (...)».

CUESTIONES

1. ¿Cuándo es obligatoria la presencia de recursos preventivos?

Independientemente de cuál sea el modelo de organización preventiva implantado por la empresa (recursos propios o concierto con servicios de prevención ajenos), la presencia de recurso preventivo será preceptiva cuando se dé alguno de los tres supuestos enunciados en el art. 32 bis de la LPRL y el art. 22 bis del RSP.

La planificación de la actividad preventiva deberá indicar la forma de llevar a cabo dicha presencia. De este modo, la evaluación de riesgos laborales y el plan de seguridad y salud deberán identificar aquellos riesgos o tareas donde deban estar presentes los recursos preventivos.

Los supuestos del art. 32 bis de la LPRL son los siguientes:

a) Cuando los riesgos puedan verse agravados o modificados en el desarrollo del proceso o la actividad, por la concurrencia de operaciones diversas que se desarrollan sucesiva o simultáneamente y que hagan preciso el control de la correcta aplicación de los métodos de trabajo.

b) Cuando se realicen actividades o procesos que, reglamentariamente, sean considerados como peligrosos o con riesgos especiales.

c) Cuando la necesidad de dicha presencia sea requerida por la Inspección de Trabajo y Seguridad Social, si las circunstancias del caso así lo exigieran debido a las condiciones de trabajo detectadas.

Situaciones a tener en cuenta (Fuente: NTP 997. El recurso preventivo. Año 2013. INSST):

Sectores distintos a la construcción.	La empresa o empresas cuya actividad aporta o genera el riesgo que motiva la presencia de un recurso preventivo, la obliga a cumplir con dicha obligación; es decir, aquella empresa cuya actividad modifica o agrava el riesgo de las demás [art. 32 bis 1.a) de la LPRL y art. 22 bis 1 a) del RSP] o que realiza actividades o procesos peligrosos o con riesgos especiales [art. 32 bis.1.b) de la LPRL y art. 22 bis.1.b) del RSP]. Puede ser una empresa subcontratista.
Sector de la construcción.	Sus peculiaridades se encuentran recogidas en la D.A. 14.ª de la LPRL, la D.A. 10.ª del RSP y la D.A. Única del Real Decreto 1627/1997, de 24 de octubre, donde se señala que el plan de seguridad y salud determinará la forma de llevar a cabo la presencia de los recursos preventivos. Dado que la elaboración del citado plan es una obligación del contratista, para que una empresa quede obligada a designar un recurso preventivo, es necesario que actúen como empresas contratistas. No pueden ser subcontratistas.

2. ¿Es compatible la figura de recurso preventivo con otras figuras o tareas como coordinador de actividades preventivas, delegado de prevención o persona trabajadora autónoma?

Compatibilidad entre ser recurso preventivo y coordinador de actividades preventivas.	Las personas designadas como recursos preventivos pueden ser, igualmente, encargadas de la coordinación de actividades preventivas (art. 13.4 del Real Decreto 171/2004, de 30 de enero).
Compatibilidad entre ser recurso preventivo y delegado de prevención.	No existe prohibición expresa o incompatibilidad reglamentada, pero la concentración de estos cargos en una única persona trabajadora puede generar un conflicto de intereses. No es recomendable.
Compatibilidad entre ser recurso preventivo y persona trabajadora autónoma.	No es posible asignar o designar un autónomo como recurso preventivo (apdos. 2 y 4 del art. 32 bis de la LPRL).

3. ¿Qué especificaciones concretas sobre la presencia de recursos preventivos en las obras de construcción establece la LPR?

La D.A. 14.ª de LPRL establece:

– La preceptiva presencia de recursos preventivos se aplicará a cada contratista.

– La presencia de los recursos preventivos de cada contratista será necesaria cuando, durante la obra, se desarrollen trabajos con riesgos especiales.

– La preceptiva presencia de recursos preventivos tendrá como objeto vigilar el cumplimiento de las medidas incluidas en el plan de seguridad y salud en el trabajo y comprobar la eficacia de estas.

4. ¿Qué especificaciones concretas sobre la presencia de recursos preventivos en las obras de construcción establece el Real Decreto 1627/1997, de 24 de octubre?

El RD 1627/1997, instaura las siguientes especialidades:

– El plan de seguridad y salud determinará la forma de llevar a cabo la presencia de los recursos preventivos.

– Cuando, como resultado de la vigilancia, se observe un deficiente cumplimiento de las actividades preventivas, las personas a las que se asigne la presencia deberán dar las instrucciones necesarias para el correcto e inmediato cumplimiento de las actividades preventivas y poner tales circunstancias en conocimiento del empresario para que este adopte las medidas necesarias para corregir las deficiencias observadas, si estas no hubieran sido aún subsanadas.

– Cuando, como resultado de la vigilancia, se observe ausencia, insuficiencia o falta de adecuación de las medidas preventivas, las personas a las que se asigne esta función deberán poner tales circunstancias en conocimiento del empresario, que procederá de manera inmediata a la adopción de las medidas necesarias para corregir las deficiencias y a la modificación del plan de seguridad y salud (art. 7.4 Real Decreto 1627/1997, de 24 de octubre).

RESOLUCIÓN RELEVANTE

STSJ de Andalucía, rec. 1654/2019, de 4 de marzo de 2020, ECLI:ES:TSJAND:2020:2301

Desestimó el recurso y confirmó la sentencia de instancia desestimatoria de la demanda del trabajador reclamando indemnización de daños y perjuicios por AT y recargo de prestaciones al cumplirse con todas las premisas necesarias a nivel de PRL. En la obra consta con Plan de seguridad, contaba con recurso preventivo, la concertación con el servicio ajeno de prevención, y la planificación por este SP de la actividad preventiva figurando Plan PRL y evaluación de riesgos y planificación con evaluación del riesgo del puesto de oficial de pintor en comunidades de propietarios y riesgo de caída en escaleras fijas. Consta en el HP 4º que cuenta con formación y experiencia en el trabajo de pintor, entrega de EPI, instalación de andamios metálicos supervisados, utilización en la obra de todas las escaleras que eran de aluminio y que de la escalera de madera (que en la tercera y última versión el actor afirma haber caído no contaba con identificación del logo de la compañía sin prueba que acredite la propiedad del empleador ni de su entrega a los trabajadores para su uso). Sin prueba de la manera en que resultó lesionado por la caída, sin ratificación ante ITSS de los testigos propuestos por el actor y sin comparecer esos testigos tampoco a la vista pese haber sido citados. Sobre las fotografías aportadas ITSS hace notar sobreimpresión de la fecha, quedando acreditado el lugar donde fueron tomadas que son en las instalaciones del edificio. Consta informe ITSS concluyendo que no existen elementos de juicio, ni pruebas suficientes de que de forma indultada el AT tuviera su origen o causa en incumplimiento de condiciones materiales de seguridad y salud laboral por el empleador.

5.
INFORMACIÓN Y FORMACIÓN A LOS TRABAJADORES EN MATERIA DE PRL EN LA CONSTRUCCIÓN: TARJETA PROFESIONAL DE LA CONSTRUCCIÓN

El **Real Decreto 1627/1997, de 24 de octubre**, dedica su capítulo III a la información, consulta y participación de los trabajadores, y hace referencia expresa a la necesidad de que ciertas actividades se realizan por personal debidamente formado.

En desarrollo de los citados derechos de los trabajadores, el vigente **VII Convenio colectivo general del sector de la construcción (BOE 23/09/2023)** dedica un título III («Información y formación en seguridad y salud») íntegro a este tema, **separando dos aspectos: la información sectorial y la formación.**

Con carácter previo, las acciones y actuaciones a realizar en relación con la prevención de riesgos laborales en el sector de la construcción tienen que ser análogas, homogéneas y coordinadas en todo el territorio nacional, y principalmente irán dirigidas al empresario.

Esa labor de hilo conductor de los principios y directrices a desarrollar en los programas formativos y para los trabajos de cada especialidad en cada Consejo Territorial le corresponde a la Fundación Laboral de la Construcción (FLC).

La **información a los trabajadores** se contempla como un derecho de estos en el **Real Decreto 1627/1997, de 24 de octubre**, que establece que los contratistas y subcontratistas deberán garantizar que los trabajadores reciban una información adecuada y comprensible de todas las medidas a adoptar en lo que se refiere a su seguridad y su salud en la obra (de conformidad con lo previsto en el artículo 10 de la Ley 32/2006, de 18 de octubre).

Además, los trabajadores serán consultados y participarán de forma coordinada en todas las cuestiones que afecten a dicha seguridad y salud, a cuyo fin el contratista facilitará a sus representantes en el centro de trabajo una copia del plan de seguridad y salud.

Y serán informados por el empresario de los riesgos específicos del centro y del puesto de trabajo.

Por otro lado, dada la accidentabilidad en el sector de la construcción, la Fundación Laboral de la Construcción debe desarrollar una actividad de **información sectorial** conforme a lo siguiente:

- Necesidad del cumplimiento de las normas de prevención de riesgos laborales.
- Incidir en las actividades de alto riesgo.
- Elaboración de un programa de estadísticas con datos de accidentabilidad y acciones a aplicar.
- Actividades de la FLC, control de resultados parciales y grado de cumplimiento de los objetivos.
- A la vista de las anteriores campañas de información, realización de un estudio por expertos respecto a la estrategia a emplear para fomentar una comunicación efectiva.

La **formación** en materia de prevención de riesgos laborales en la construcción, que el convenio colectivo cifra en «ciclos de formación», debe ser suficiente y adecuada al puesto de trabajo (art. 141 del CCGSC, de acuerdo con lo dispuesto en el art. 10.2 de la Ley 32/2006, de 18 de octubre).

1. Formación mínima o estándar

La formación mínima o estándar constará de **dos ciclos o tipos de acciones:**

1. Un primer ciclo, que deberá incluir la **formación inicial** sobre los riesgos y los principios básicos y conceptos en la materia y conseguir despertar el interés al alumnado para iniciar los cursos de segundo ciclo.

Esta formación inicial tiene carácter mínimo para todos los trabajadores del sector de la construcción en las obras y suficiente para aquellos que realicen trabajos en obra que no conlleven riesgos especiales (vigilantes, personal de limpieza o suministradores, por ejemplo), y no exime al empresario de su obligación de informar a los trabajadores de los riesgos específicos del centro y del puesto de trabajo.

Tiene por objetivo conseguir que los trabajadores puedan identificar los riesgos laborales más frecuentes en las distintas fases de ejecución de una obra y las medidas preventivas a implantar para eliminar o minimizar dichos riesgos.

Su duración es de **8 horas lectivas**, que deben realizarse de forma presencial y su contenido formativo, establecido en el anexo XII.1 del propio convenio colectivo, se clasifica en:

- - Conceptos básicos sobre seguridad y salud.
- - Técnicas preventivas elementales sobre riesgos genéricos.
- - Primeros auxilios y medidas de emergencia.
- - Derechos y obligaciones.

2. Un segundo ciclo, que deberá transmitirles **conocimientos y normas específicas** en relación con el puesto de trabajo o el oficio.

Los puestos de trabajo en los que es preceptivo recibir esta formación son:

Oficios	Puestos de trabajo
Albañilería.	
Trabajos de demolición y rehabilitación.	
Encofrados.	
Ferrallado.	
Revestimiento de yeso.	
Electricidad, montaje y mantenimiento de instalaciones eléctricas de alta y baja tensión.	
Fontanería e instalaciones de climatización.	
Revestimientos exteriores.	
Pintura.	Personal directivo de la empresa.
Solados y alicatados.	Responsables de obra y técnicos de ejecución.
Operadores de aparatos elevadores.	
Operadores de vehículos y maquinaria de movimiento de tierras.	Mandos intermedios.
Operadores de equipos manuales.	Delegados de prevención.
Trabajos de aislamiento e impermeabilización.	Administrativos.
Montaje de estructuras tubulares.	
Operario de instalaciones temporales de obra y auxiliares: plantas de aglomerado, de hormigón, de machaqueo y clasificación de áridos.	
Estabilización de explanadas y extendido de firmes.	
Colocación de materiales de cubrición.	
Conservación y explotación de carreteras.	

Oficios	Puestos de trabajo
Ejecución de túneles y sostenimiento de las excavaciones subterráneas y de los taludes.	
Cimentaciones especiales, sondeos y perforaciones.	
Construcción y mantenimiento de vías férreas.	
Trabajos marítimos.	
Trabajos de redes de abastecimiento y saneamiento y pocería.	Personal directivo de la empresa.
Trabajos de montaje de prefabricados de hormigón en obra.	Responsables de obra y técnicos de ejecución.
Operario de taller de materiales: piedras industriales, tratamiento o transformación de materiales, canteros y similares.	Mandos intermedios. Delegados de prevención. Administrativos.
Trabajos de soldadura.	
Montaje de escayola, placas de yeso laminado y asimilados.	
Mantenimiento de maquinaria y vehículos.	
Trabajos de arqueología.	
Trabajos de fabricación y montaje de elementos prefabricados.	

La formación incluirá una parte común previa, con una duración de **14 horas lectivas**, y de otra específica, con una duración de **6 horas lectivas**, a los trabajadores que realicen actividades multifunción y polivalentes.

Se podrán desarrollar acciones formativas específicas de 6 horas lectivas por oficio para aquellos trabajadores que, previamente, hayan cursado una acción formativa completa de 20 horas lectivas de alguno de los oficios, dispongan de la formación de nivel básico de prevención en la construcción o se les reconozca la convalidación de la formación.

Su contenido formativo y las horas lectivas se establecen en el anexo XII. apdo.1 del propio CCGSC.

Se trata de una formación igualmente presencial, con las siguientes excepciones:

- Para **personal directivo de empresa y administrativos**, la formación podrá ser mixta presencial (al menos el 25 %) y mediante teleformación. Lo mismo que para delegados de prevención, si bien en este caso la parte presencial deberá ser de al menos 20 horas lectivas.

– Para **personal directivo,** la formación podrá impartirse y evaluarse exclusivamente mediante teleformación. Resulta conveniente que las acciones formativas en ambos niveles aborden aspectos de carácter práctico que refuercen los conocimientos teóricos, que deberán ser desarrollados por la Fundación Laboral de la Construcción. Organismo que, además, podrá impartir, directamente o a través de las entidades o empresas homologadas en la materia.

También se puede impartir la acción formativa preventiva de nivel básico específica para el sector de la construcción en determinados casos.

2. Nivel básico de prevención en la construcción

El contenido formativo para el nivel básico de prevención en la construcción tendrá una duración mínima de **60 horas lectivas** y está establecido en el anexo XIV del Reglamento de los Servicios de prevención y en el anexo XII. apdo. 2 del CCGSC, agrupado en:

– Conceptos básicos sobre seguridad y salud.

– Riesgos generales y su prevención.

– Riesgos específicos y su prevención en el sector de la construcción.

– Elementos básicos de gestión de la prevención de riesgos.

– Primeros auxilios.

Y podrá impartirse en la modalidad presencial o mixta presencial y teleformación, si bien en este último caso la parte presencial tendrá una duración mínima de 20 horas lectivas.

Este tipo de formación convalida la formación inicial, la de responsables de obra y técnicos de ejecución, la de mandos intermedios, la de administrativos y la formación relativa al tronco común de oficios.

3. Convalidación

Existen otras formaciones que convalidan la formación indicada (anexo XIII del CCGSC):

– La formación de nivel superior o intermedio, o máster universitario o FP de Técnico Superior en PRL, convalida la formación inicial, la parte común de oficios, la del personal directivo de empresa y la de los responsables de obra y técnicos de ejecución, mandos intermedios, delegados de prevención y administrativos. Sucede lo mismo con la de técnicos, cuya formación fue acreditada en su día sin efectos académicos mediante certificación.

– La formación de nivel básico y el curso de coordinador en materia de seguridad y de salud en el sector de la construcción convalidan la formación inicial, la parte común de oficios, la de los responsables de obra y técnicos de ejecución, mandos intermedios y administrativos.

– La formación recogida en los títulos de formación profesional de grado medio y superior de la familia de Edificación y Obra Civil cubren un módulo profesional que capacita para desempeñar las funciones de nivel básico de prevención en construcción.

– Los certificados de profesionalidad de la familia de edificación y obra civil garantizan el nivel de conocimientos necesarios para obtener la tarjeta profesional de la construcción y las cualificaciones de nivel 2 —e incluso 3— para controlar a nivel básico riesgos en construcción.

– La formación recogida en el Reglamento General de Normas Básicas de Seguridad Minera se convalida en el anexo XIII del CCGSC según el puesto y grupo. Lo mismo que la formación recogida en el anexo III del convenio colectivo estatal del metal (BOE 12/01/2022) y en el anexo IV del convenio colectivo estatal de la madera (BOE 27/11/2012).

– La formación de aquellos trabajadores con títulos universitarios en los que se imparta formación en materia de PRL equivalente, se convalidará mediante acuerdo del Patronato de la FLC.

4. Formación de los recursos humanos de las empresas

Las empresas que pretendan ser contratadas o subcontratadas para trabajos en una obra de construcción deberán estar inscritas en el Registro de Empresas Acreditadas.

Para ello, es requisito indispensable que garanticen que todos los trabajadores que presten servicios en las obras tengan la formación necesaria y adecuada a su puesto de trabajo o función en materia de PRL.

A estos efectos, la formación podrá ser acreditada por las empresas mediante certificación expedida por la Confederación Nacional de la Construcción o las entidades en que esta delegue.

También los convenios colectivos sectoriales de ámbito estatal podrán establecer programas formativos y contenidos específicos para los trabajos de cada especialidad, e incluso un sistema de acreditación de la formación en el sector de la construcción, siempre que sea único y tenga validez en el conjunto del sector y del territorio nacional.

5. Acreditación de la formación: tarjeta profesional de la construcción

«La Tarjeta Profesional de la Construcción es el documento expedido por la Fundación Laboral de la Construcción que constituye una forma de acreditar, entre otros datos, la formación específica del sector recibida por una persona en materia de prevención de riesgos laborales, así como su categoría profesional y los periodos de ocupación en las distintas empresas en las que vaya ejerciendo su actividad.» (art. 154.1 del CCGSC).

El sistema de acreditación de la formación en materia de PRL vendrá establecido por la Fundación Laboral de la Construcción (art. 149 Convenio colectivo general del sector de la construcción), y deberá permitir al trabajador el acceso telemático a sus datos y la obtención de certificaciones de los mismos. Asimismo, facilitará a su titular el acceso a los servicios de la Fundación Laboral de la Construcción.

A ese fin, expedirá la **tarjeta profesional de la construcción** que acredita (art. 151 Convenio colectivo general del sector de la construcción):

- La formación específica recibida por el trabajador en materia de PRL y al menos la formación inicial.
- La formación de todo tipo que ha recibido.
- Su categoría profesional y los periodos de ocupación en distintas empresas.
- Que su titular ha realizado los reconocimientos médicos preceptivos.

> **A TENER EN CUENTA.** La tarjeta tiene un formato físico establecido en el anexo IV del convenio colectivo y en un sistema informático que permite a su titular el acceso telemático manteniendo sus datos personales protegidos.

Serán **beneficiarios** —según el art. 157 del convenio— de la tarjeta y, por tanto, podrán solicitarla:

- Las personas trabajadoras en situación de alta, o en situación de incapacidad transitoria, que presten sus servicios en empresas encuadradas en el ámbito de aplicación del Convenio General del Sector de la Construcción.
- Las personas trabajadoras que tengan acreditados, al menos, treinta días de alta en empresas encuadradas en el ámbito de aplicación del Convenio General del Sector de la Construcción en el período de sesenta meses inmediatamente anterior a la solicitud.
- El alumnado de formación en alternancia y para la obtención de la práctica profesional de aquellas familias profesionales relacionadas con la construcción.

Ahora bien, el Patronato de la FLC podrá establecer la emisión de la Tarjeta sin necesidad de previa solicitud, con arreglo a los criterios que libremente determine.

En todo caso, será imprescindible haber recibido la **formación inicial** en materia de PRL.

La tarjeta se puede **solicitar** en cualquier centro de la FLC y en las entidades con las que aquella haya suscrito el correspondiente convenio de colaboración, acompañando:

- Fotografía tamaño carné.
- Fotocopia DNI o tarjeta de residencia.
- Informe de vida laboral emitido por la TGSS dentro de los 90 días anteriores.
- Uno de estos documentos: certificado de empresa para la FLC o para el SEPE u original o copia compulsada de la nómina o del contrato de trabajo.

– Original o copia compulsada del diploma o certificado acreditativo de la formación inicial en materia de PRL, expedido por la FLC o entidad homologada.

– Otros con carácter opcional.

El Gerente del Consejo Territorial correspondiente de la FLC resuelve el expediente de solicitud y entrega la tarjeta al solicitante en el **plazo máximo de un mes** desde que aportó la documentación. Si no está conforme, puede interponer **reclamación** ante el correspondiente Consejo Territorial de la Fundación Laboral de la Construcción, en el plazo de **quince días** desde la notificación (arts. 158 a 160 del CCGSC).

La tarjeta caducará a los **5 años** de su emisión (art. 161 del CCGSC), tras lo que se podrá renovar acreditando los mismos requisitos de alta.

El titular de la tarjeta estará obligado a:

– Conservarla en perfecto estado.

– Comunicar a la FLC las posibles modificaciones de los datos relevantes de su expediente.

– Comunicar a la FLC su robo o extravío.

Hay que tener en cuenta, la existencia de un caso particular: la tramitación de la tarjeta en el Principado de Asturias se realizará por la FLC propia de dicha comunidad autónoma.

6. Homologación de entidades formativas

Las entidades constituidas como servicios de prevención ajenos acreditados por la autoridad laboral o las empresas encuadradas en el ámbito de aplicación del Convenio Colectivo de la construcción que dispongan de organización preventiva propia, podrán solicitar a la Fundación Laboral de la Construcción (FLC) la homologación de la formación preventiva que impartan.

Para ello, deberán reunir los siguientes **requisitos** (art. 164 del CCGS):

– Tener los recursos humanos, materiales y didácticos para realizar la actividad formativa, según las necesidades concretas.

– Disponer personal docente con formación acreditada de niveles intermedio o superior conforme al Reglamento de los Servicios de Prevención y conocimiento y experiencia acreditada específicos de la construcción.

– Aplicar los contenidos didácticos que apruebe la FLC, a fin de garantizar la homogeneidad de la actividad formativa.

– Adoptar las condiciones que establezca la FLC respecto a horas lectivas, número de alumnos máximos por grupo y realización de pruebas de evaluación.

– Contar con la acreditación u homologación exigible por la autoridad laboral competente.

– Satisfacer las tasas establecidas por el patronato de la FLC.

El **procedimiento** —regulado en el 165 del CCGS— es el siguiente:

- Las entidades interesadas en ser acreditadas presentarán su solicitud a la FLC, junto con una memoria explicativa de la actividad conteniendo: plan y ámbito territorial de actuación, programación anual con número de trabajadores a formar, dotación y formación del personal y su dedicación para la actividad formativa, sistema de evaluación interna de la calidad de la docencia, ubicación y detalle de las instalaciones y descripción de medios materiales, didácticos e instrumentales para la formación.

- La Comisión Ejecutiva de la FLC evaluará la memoria y resolverá la solicitud en el plazo de 2 meses, aprobando o denegando la homologación.

En cualquier momento del expediente podrá requerir a la entidad solicitante que presente documentación adicional y subsane deficiencias, lo que interrumpirá ese plazo. Y si en 15 días no se atiende, archivará el expediente, entendiéndose denegada la solicitud.

Las entidades que lleven a cabo esta actividad formativa estarán inscritas en el Registro correspondiente creado por la FLC y deberán mantener las condiciones de acreditación, que podrá dejarse sin efecto cuando no sea así. La retirada de la acreditación afectará también a aquellas entidades de las que se presuma que son continuación o que derivan de ellas.

CUESTIONES

1. En defecto de convenio colectivo, ¿cómo se entiende cumplido el requisito de formación de los recursos humanos a que se refiere el artículo 4.2. a) de la Ley 32/2006, de 18 de octubre?

En defecto de convenio colectivo, el requisito de formación de los recursos humanos se entenderá cumplido cuando concurran las siguientes condiciones:

- Que la organización preventiva del empresario expida certificación sobre la formación específica impartida a todos los trabajadores de la empresa que presten servicios en obras de construcción.

- Que se acredite que la empresa cuenta con personas que, conforme al plan de prevención de aquélla, ejercen funciones de dirección y han recibido la formación necesaria para integrar la prevención de riesgos laborales en el conjunto de sus actividades y decisiones.

2. ¿Dónde se regula la formación establecida para el nivel básico en PRL en la construcción?

El Nivel básico en PRL en la construcción se regula en el anexo XII, apartado 4, del VII Convenio General del Sector de Construcción y se encuentra sujeta al contenido mínimo para el desempeño de las funciones de nivel básico (anexo IV del Real Decreto 39/1997, de 17 de enero).

3. ¿Cuándo y cómo se impartirá la formación necesaria?

La formación debe impartirse durante la contratación, cuando se produzcan cambios de funciones, procesos o incorporación de nuevas tecnologías, y se debe actualizar periódicamente (art. 19 de la LPRL). Dependerá del puesto u oficio del trabajador.

En cuanto a su impartición, la LPRL señala que *«podrá ser impartida por la empresa mediante medios propios o concertándola con servicios ajenos", centros de formación acreditados».*

Atendiendo al anexo XII del CCGC:

- Formación de nivel básico de prevención en la construcción: 60 horas.

- Nivel inicial: 8 horas lectivas.

- Formación por puesto de trabajo o por oficio: 10 horas.

- Responsables de obra y técnicos de ejecución: 20 horas.

- Mandos intermedios: 20 horas.

- Delegados de prevención: 70 horas.

- Formación para administrativos: 20 horas.

- Directivos de las empresas: 10 horas.

6.
DOCUMENTACIÓN EN MATERIA PREVENTIVA A TENER EN OBRA DE CONSTRUCCIÓN

El empresario que realiza obras de construcción tiene que cumplir una serie de obligaciones en relación a la documentación a presentar.

6.1. Documentación con carácter general en materia de PRL

Siguiendo lo establecido en el art. 23 de la LPRL, cualquier empresario deberá elaborar y conservar a disposición de la autoridad laboral la siguiente documentación:

a) **Plan de prevención de riesgos laborales,** conforme a lo previsto en el art. 16.1 de la LPRL.

b) **Evaluación de los riesgos para la seguridad y la salud en el trabajo,** incluido el resultado de los controles periódicos de las condiciones de trabajo y de la actividad de los trabajadores, de acuerdo con lo dispuesto en el art. 16.2.a) de la LPRL.

c) **Planificación de la actividad preventiva,** incluidas las medidas de protección y de prevención a adoptar y, en su caso, material de protección que deba utilizarse, de conformidad con el art. 16.2.b) de la LPRL.

d) **Práctica de los controles del estado de salud de los trabajadores previstos** en el art. 22 de la LPRL y conclusiones obtenidas de los mismos.

e) **Relación de accidentes de trabajo y enfermedades profesionales que hayan causado al trabajador una incapacidad laboral superior a un día de trabajo.** En estos casos el empresario realizará, además, la notificación a que se refiere el art. 23.3 de la LPRL.

6.2. Documentación en materia de PRL en caso de obras de construcción

El empresario que realiza obras de construcción tiene que cumplir una serie de obligaciones en relación con la documentación a presentar. Cada obra deberá disponer de la siguiente documentación (relación no exhaustiva):

1. Aviso previo

En las obras incluidas en el ámbito de aplicación del Real Decreto 1627/1997, de 24 de octubre, el promotor deberá efectuar un aviso a la autoridad laboral competente antes del comienzo de los trabajos. El aviso previo se redactará con arreglo a lo dispuesto en el anexo III del citado Real Decreto y deberá exponerse en la obra de forma visible, actualizándose si fuera necesario.

CUESTIÓN

¿Cuál es el contenido del aviso previo?

1. Fecha.

2. Dirección exacta de la obra.

3. Promotor [nombre(s) y dirección(es)].

4. Tipo de obra.

5. Proyectista(nombre(s) y dirección(es)].

6. Coordinador(es) en materia de seguridad y salud durante la elaboración del proyecto de la obra [(nombre(s) y dirección(es)].

7. Coordinador(es) en materia de seguridad y de salud durante la ejecución de la obra [(nombre(s) y dirección(es)].

8. Fecha prevista para el comienzo de la obra.

9. Duración prevista de los trabajos en la obra.

10. Número máximo estimado de trabajadores en la obra.

11. Número previsto de contratistas, subcontratistas y trabajadores autónomos en la obra.

12. Datos de identificación de contratistas, subcontratistas y trabajadores autónomos.

---

2. Libro de órdenes de la dirección facultativa

Donde se deja constancia de cualquier cambio o nueva decisión relativa a la obra.

Según el vigente Decreto 462/1971, de 11 de marzo, por el que se dictan normas sobre la redacción de proyectos y la dirección de obras de edificación:

«En toda obra de edificación, será obligatorio el Libro de Órdenes y Asistencias, en el que los Técnicos superior y medio deberán reseñar las incidencias, órdenes y asistencias que se produzcan en el desarrollo de la obra».

3. Libro de visitas de la Inspección de Trabajo

Los inspectores de trabajo y los subinspectores laborales, con ocasión de cada visita a los centros de trabajo o comprobación por comparecencia del sujeto inspeccionado en dependencias públicas que realicen, extenderán diligencia sobre tal actuación, con sujeción a las reglas previstas en la Orden ESS/1452/2016, de 10 de junio.

> **A TENER EN CUENTA.** El libro de visitas para empresas y autónomos ha llegado a su fin mediante la Ley 14/2013, del 27 de septiembre, donde se establece su sustitución por el libro de visitas electrónico. La Ley 23/2015, del 21 de julio, ha retirado —con fecha de efectos de 23/07/2015— la obligación de disponer de un soporte físico frente a posibles inspecciones de trabajo para imponer el uso de medios electrónicos en cuanto a la realización de diligencias.

4. Libro de incidencias del Plan de Seguridad y Salud

En cada centro de trabajo existirá con fines de control y seguimiento del plan de seguridad y salud un libro de incidencias que constará de hojas por duplicado, habilitado al efecto (art. 13 del Real Decreto 1627/1997, de 24 de octubre).

El libro de incidencias será facilitado por:

- El Colegio profesional al que pertenezca el técnico que haya aprobado el plan de seguridad y salud.
- La Oficina de Supervisión de Proyectos u órgano equivalente cuando se trate de obras de las Administraciones públicas.

Este documento deberá mantenerse siempre en la obra, estará en poder del coordinador en materia de seguridad y salud durante la ejecución de la obra o, cuando no fuera necesaria la designación de coordinador, en poder de la dirección facultativa. A dicho libro tendrán acceso la dirección facultativa de la obra, los contratistas y subcontratistas y los trabajadores autónomos, así como las personas u órganos con responsabilidades en materia de prevención en las empresas intervinientes en la obra, los representantes de los trabajadores y los técnicos de los órganos especializados en materia de seguridad y salud en el trabajo de las Administraciones públicas competentes, quienes podrán hacer anotaciones en el mismo.

Efectuada una anotación en el libro de incidencias, el coordinador en materia de seguridad y salud durante la ejecución de la obra o, cuando no sea necesaria la designación de coordinador, la dirección facultativa, deberán notificar al contratista afectado y a los representantes de los trabajadores de éste. En el caso de que la anotación se refiera a cualquier incumplimiento de las advertencias u observaciones previamente anotadas en dicho libro por las personas facultadas para ello, así como en el supuesto a que se refiere el artículo siguiente, deberá remitirse una copia a la Inspección de Trabajo y Seguridad Social en el plazo de veinticuatro horas. En todo caso, deberá especificarse si la anotación efectuada supone una reiteración de una advertencia u observación anterior o si, por el contrario, se trata de una nueva observación.

5. Libro de subcontratación

Siempre que pretenda subcontratar parte de la obra este documento resulta exigible al contratista. De esta forma, en toda obra de construcción, incluida en el ámbito de aplicación analizado, cada contratista deberá disponer de un libro de subcontratación.

6. Planes de seguridad y salud

Cada contratista elaborará un plan de seguridad y salud en el trabajo en el que se analicen, estudien, desarrollen y complementen las previsiones contenidas en el estudio o estudio básico, en función de su propio sistema de ejecución de la obra. En dicho plan se incluirán, en su caso, las propuestas de medidas alternativas de prevención que el contratista proponga con la correspondiente justificación técnica, que no podrán implicar disminución de los niveles de protección previstos en el estudio o estudio básico.

Como anexos al plan de seguridad constarán los distintos procedimientos de trabajo.

También será necesario contar con el «recibí» de cada subcontratista de su parte del plan de seguridad y salud.

A TENER EN CUENTA. Si no fuera exigible el plan de seguridad y salud, se acompañará de la correspondiente evaluación de riesgos.

---

7. Comunicaciones de apertura del centro de trabajo

El art. 1.5 del ET considera centro de trabajo «la unidad productiva con organización específica, que sea dada de alta, como tal, ante la autoridad laboral». Sobre esta definición, la normativa configura una serie de derechos y obligaciones laborales en materia como movilidad geográfica de los trabajadores, prevención de riesgos laborales, representación social de los trabajadores en la empresa, superación del umbral numérico para la consideración de despido colectivo, criterios de representatividad extraíbles de la celebración de los correspondientes procesos electorales, subrogación de trabajadores, pago de dietas, etcétera.

La comunicación de apertura de un centro de trabajo o de reanudación de la actividad después de efectuar alteraciones, ampliaciones o transformaciones de importancia, que el empresario debe efectuar y cumplimentar de conformidad con lo dispuesto en el artículo 6.1 del Real Decreto-ley 1/1986, de 14 de marzo, de medidas urgentes administrativas, financieras, fiscales y laborales, lo dispuesto en la Orden TIN/1071/2010, de 27 de abril, sobre los requisitos y datos que deben reunir las comunicaciones de apertura o de reanudación de actividades en los centros de trabajo.

En las obras de construcción incluidas en el ámbito de aplicación del Real Decreto 1627/1997, de 24 de octubre, por el que se establecen disposiciones mínimas de seguridad y de salud en las obras de construcción, la comunicación de apertura del centro de trabajo deberá ser previa al comienzo de los trabajos, deberá exponerse en la obra en lugar visible, se mantendrá permanentemente actualizada en el caso de que se produzcan cambios no identificados inicialmente y se efectuará únicamente por los empresarios que tengan la condición de contratistas conforme al indicado real decreto. A tal efecto el promotor deberá facilitar a los contratistas los datos que sean necesarios para el cumplimiento de dicha obligación. La comunicación se cumplimentará según el modelo oficial que figura en el anexo (partes A y B anexo Orden TIN/1071/2010, de 27 de abril) y contendrá los siguientes datos e informaciones:

- Número de inscripción en el Registro de Empresas Acreditadas según el Real Decreto 1109/2007, de 24 de agosto, que desarrolla la Ley 32/2006, de 18 de octubre, reguladora de la subcontratación en el sector de la construcción.

- Número del expediente de la primera comunicación de apertura, en los supuestos de actualización de la misma.

- Tipo de obra.

- Dirección de la obra.

- Fecha prevista para el comienzo de la obra.

- Duración prevista de los trabajos en la obra.

- Duración prevista de los trabajos en la obra del contratista.

- Número máximo estimado de trabajadores en toda la obra.

- Número previsto de subcontratistas y trabajadores autónomos en la obra dependientes del contratista.

- Especificación de los trabajos del anexo II del Real Decreto 1627/1997, de 24 de octubre, que, en su caso, se vayan a realizar por el contratista.

- Datos del promotor: Nombre/razón social, número del documento de identificación fiscal, domicilio, localidad y código postal.

- Datos del proyectista: nombre y apellidos, número del documento de identificación fiscal, domicilio, localidad y código postal.

- Datos del coordinador de seguridad y salud en fase de elaboración del proyecto: nombre y apellidos, número del documento de identificación fiscal, domicilio, localidad y código postal.

- Datos del coordinador de seguridad y salud en fase de ejecución de la obra: nombre y apellidos, número del documento de identificación fiscal, domicilio, localidad y código postal.

Distintas referencias encontramos dentro de la LISOS en relación con las comunicaciones necesarias para la apertura del centro de trabajo [en materia de prevención de riesgos laborales: infracciones leves (art. 11.3 de la LISOS) e infracciones graves (art. 12.5 de la LISOS) y en materia de Seguridad Social infracciones graves (arts. 22.1; 2 y 11 de LISOS)].

8. Servicio de organización de la prevención de cada empresa

El empresario ha de realizar la organización de los recursos necesarios para el desarrollo de las actividades preventivas. Para ello, podrá optar entre una de las siguientes modalidades de servicio de prevención: asumir personalmente tal actividad (excepto en las actividades de especial riesgo), designado a uno o varios trabajadores, constituyendo un servicio de prevención propio o recurriendo a la utilización de un servicio de prevención ajeno.

También, por exigencia legal, ha de tenerse en cuenta a la representación de los trabajadores (delegados de prevención o comités de seguridad y salud en el trabajo) en su calidad de órganos paritarios de participación.

Toda la documentación generada se deberá tener disponible.

9. Registro de la formación e información suministrada a las personas trabajadoras

En cumplimiento del deber de protección, el empresario deberá garantizar que cada trabajador reciba una formación teórica y práctica, suficiente y adecuada, en materia preventiva, tanto en el momento de su contratación, cualquiera que sea la modalidad o duración de ésta, como cuando se produzcan cambios en las funciones que desempeñe o se introduzcan nuevas tecnologías o cambios en los equipos de trabajo (art. 19 de la LPRL).

10. Plan de emergencia

Las previsiones del Real Decreto 393/2007, de 23 de marzo por el que se aprueba la Norma Básica de Autoprotección de los centros, establecimientos y dependencias dedicados a actividades que puedan dar origen a situaciones de emergencia se aplicarán a todas las actividades comprendidas en el anexo I de la Norma Básica de Autoprotección aplicándose con carácter supletorio en el caso de las Actividades con Reglamentación Sectorial Específica, contempladas en el punto 1 de dicho anexo.

11. Controles del estado de salud de los trabajadores y conclusiones de los mismos

El empresario garantizará a los trabajadores a su servicio la vigilancia periódica de su estado de salud en función de los riesgos inherentes al trabajo. Los resultados de los controles deberán estar documentados, así como sus conclusiones (arts. 22 y 23 de la LPRL; 37 del RSP y 47 y 48 de la LISOS).

12. Documentación asociada a la maquinaria utilizada

El término «máquina» que se utiliza a efectos de prevención de riesgos es el que se deriva de la definición contenida en la directiva «Máquinas» como un conjunto de partes o componentes vinculados entre sí, de los cuales al menos uno es móvil, asociados para una aplicación determinada, provisto o destinado a estar provisto de un sistema de accionamiento distinto de la fuerza humana o animal.

Con carácter general, toda máquina (o cuasi máquina) debe reunir los requisitos esenciales de seguridad y salud previstos en el Real Decreto 1644/2008, de 10 de octubre. Dicho extremo que quedará demostrado por el certificado de conformidad y el marcado CE, a lo que se debe añadir los manuales de uso y cualquier especificación concreta de alguna máquina, así como los certificados de montaje.

13. Actas de las distintas reuniones realizadas por el coordinador de seguridad y salud en cumplimento se sus obligaciones

Tanto de su elección, como durante la redacción del proyecto o en la fase de ejecución de la obra será necesario documentar las distintas reuniones periódicas realizadas en materia de coordinación de seguridad y salud en cumplimiento de la Ley de prevención de riesgos laborales; el reglamento de los servicios de prevención y el RD 1627/1997, de 24 de octubre, por el que se establecen disposiciones mínimas de seguridad y de salud en las obras. A modo de ejemplo:

- Acta de entrega del estudio o estudio básico de seguridad y salud.
- Acta de aprobación del plan de seguridad y salud.
- Acta de supervisión del documento de evaluación.
- Acta de comunicaciones del coordinador con contratista, subcontratista o empresas concurrentes.
- Acta de reunión previa al inicio de las obras.
- Etcétera.

14. Acta de designación de recursos preventivos si fuese necesario

En base a lo establecido en el art. 32 de la LPRL, así como en el art. 22 del RSP, la empresa debe tener documentado el nombramiento de un recurso preventivo cuando fuese necesario.

15. Registro de la entrega de los EPI a las personas trabajadoras, así como sus distintos documentos de control

El Real Decreto 773/1997, de 30 de mayo establece las disposiciones mínimas de seguridad y de salud para la elección, utilización por los trabajadores en el trabajo y mantenimiento de los equipos de protección individual.

Junto a las obligaciones en materia de información y formación establecidas en los arts. 18 y 19 de la Ley de Prevención de Riesgos Laborales, el
empresario adoptará las medidas adecuadas para que los trabajadores y los
representantes de los trabajadores reciban formación y sean informados sobre los EPI facilitados.

Ha de tenerse constancia de toda la información relativa a:

– Selección, utilización y mantenimiento de los equipos de protección
  individual (EPI).

– Entrega.

– Documentación y cumplimiento de los requisitos y estándares
  obligatorios.

– En materia de información y formación.

16. Investigación de los accidentes de trabajo

El art. 16.3 de la LPRL obliga al empresario a «investigar los hechos que
hayan producido un daño para la salud en los trabajadores, a fin de detectar
las causas de estos hechos». En paralelo, el art. 9.1 d) del mismo texto, establece como competencia de la Inspección de Trabajo y Seguridad Social,
informar a la autoridad laboral sobre los accidentes de trabajo mortales, muy
graves o graves, y sobre aquellos otros en que, por sus características o por
los sujetos afectados, se considere necesario dicho informe, así como sobre
las enfermedades profesionales en las que concurran dichas calificaciones y,
en general, en los supuestos en que aquélla lo solicite respecto del cumplimiento de la normativa legal en materia de prevención de riesgos laborales.

De esta forma, con un carácter marcadamente preventivo, por mandato
legal tanto la ITSS como el propio empresario han de realizar una investi-
gación de determinados accidentes con el objeto de esclarecer e informar
sobre los mismos, así como, en el caso de la Inspección, determinar posibles
responsabilidades.

6.3. Vigilancia y control de salud

La empresa debe de mantener un registro de los historiales médicos individuales y conservar el mismo un plazo mínimo de 10 años después de
finalizada la exposición, salvo normativa específica más restrictiva.

Del mismo modo ha de quedar acredita la entrega de la información individual a los trabajadores tanto de los objetivos como de los métodos de la
vigilancia de la salud, que deben ser explicados de forma suficiente y comprensible a los trabajadores, así como de los resultados.

La periodicidad de los reconocimientos médicos varía según la situación
del trabajador, incluyendo evaluaciones iniciales, periódicas, tras ausencias
prolongadas, previas a la exposición a riesgos específicos, post-ocupaciona-

les y por detección de daño. Aunque la normativa no especifica una periodicidad menor a un año para trabajadores en situaciones normalizadas, es recomendable mantener esta frecuencia para facilitar la inclusión de trabajadores en proyectos y evitar complicaciones con la documentación requerida por las empresas contratistas principales.

La coordinación y responsabilidad compartida entre contratistas y subcontratistas juegan un papel fundamental en este proceso, asegurando que todos los trabajadores cuenten con los reconocimientos médicos necesarios para desempeñar sus labores de manera segura.

6.4. Personas trabajadoras cedidas por las empresas de trabajo temporal

Las personas trabajadoras cedidas por las empresas de trabajo temporal deberán poseer la formación teórica y práctica en materia de prevención de riesgos laborales necesaria para el puesto de trabajo a desempeñar, teniendo en cuenta su cualificación y experiencia profesional y los riesgos a los que vaya a estar expuesto. Siempre que sea posible esta formación se corresponderá con la prevista en el Libro II del presente CCGSC. Las personas trabajadoras cedidas deberán estar en posesión de la Tarjeta Profesional de la Construcción, cuando ello sea procedente.

El Real Decreto 216/1999, de 5 de febrero, sobre disposiciones mínimas de seguridad y salud en el trabajo en el ámbito de las empresas de trabajo temporal, regula las obligaciones en materia de prevención de riesgos laborales relativas a la celebración del contrato de puesta a disposición.

7.
RIESGOS ESPECÍFICOS DEL SECTOR CONSTRUCCIÓN Y MEDIDAS PREVENTIVAS GENERALES

El Real Decreto 1627/1997, de 24 de octubre, establece las disposiciones mínimas de prevención durante la ejecución de la obra. El Convenio colectivo general del sector de la construcción, desarrolla específicamente las específicamente las disposiciones mínimas de seguridad y salud aplicables en las obras de construcción.

7.1. Disposiciones mínimas generales aplicables a la prevención en el sector de la construcción

Sin entrar a analizar las distintas figuras (promotor, proyectista, coordinador en materia de seguridad y de salud, dirección facultativa, contratista, subcontratista, trabajador autónomo, etcétera) y sus responsabilidades y obligaciones específicas en materia preventiva dentro de la obra, así como las distintas profesiones sujetas a especificaciones concretas (albañiles, encofradores, ferrallistas, soladores, gruistas, maquinistas, pintores, electricistas, fontaneros, personal de limpieza, personal de limpieza de materias peligrosas (amianto, plomo, vertidos tóxicos, almaceneros, etcétera), el **Real Decreto 1627/1997, de 24 de octubre,** establece las disposiciones mínimas de prevención durante la ejecución de la obra, en base a tres categorías configuradas en:

Parte A: disposiciones mínimas generales relativas a los lugares de trabajo en las obras.	**Obra de construcción u obra:** cualquier obra, pública o privada, en la que se efectúen trabajos de construcción o ingeniería civil cuya relación no exhaustiva figura en el anexo I del Real Decreto 1627/1997, de 24 de octubre. **Lugares de trabajo en las obras:** aquellas áreas del centro de trabajo, cualquiera que sea su fase de ejecución, en las que los trabajadores deban permanecer o a las que puedan acceder para desarrollar su trabajo. Entrarían en esta definición los servicios higiénicos y locales de descanso, los locales de primeros auxilios y los comedores.
Parte B: disposiciones mínimas específicas relativas a los puestos de trabajo en las obras en el interior de los locales.	**Locales:** talleres auxiliares, oficinas, almacenes, etc. **Puestos de trabajo en el interior de los locales:** aquellos que se ubican en un lugar de trabajo que reúne las siguientes condiciones: espacio totalmente definido que se puede aislar del resto de la obra, dispuesto para el uso final requerido y que puede permitir, al menos en un cierto grado, el control de los factores medioambientales (temperatura, ventilación, iluminación, etcétera). Se exceptúan los puestos de trabajo de los operadores de maquinaria y vehículos. Pueden ser de nueva construcción, adaptados (en lugares anexos o próximos a la obra) o prefabricados (módulos-casetas).
Parte C: disposiciones mínimas específicas relativas a puestos de trabajo en las obras en el exterior de los locales.	**Puestos de trabajo en el exterior de los locales:** aquellos que no pueden ser clasificados según lo indicado en el punto anterior. Están incluidos dentro de este apartado los puestos de trabajo relativos a la propia ejecución de la obra.

A TENER EN CUENTA. Estas disposiciones se completan de forma específica en el convenio colectivo general del sector de la construcción (VII CCGSC).

7.1.1. Disposiciones mínimas de seguridad y de salud en las obras de construcción

1. Instalaciones de suministro y reparto de energía

La instalación eléctrica de los lugares de trabajo en las obras deberá ajustarse a lo dispuesto en su normativa específica. En todo caso, y a salvo de disposiciones específicas de la normativa citada, la instalación eléctrica deberá ajustarse a lo dispuesto, entre otros, en los siguientes RD:

- El Real Decreto 614/2001, de 8 de junio, sobre disposiciones mínimas para la protección de la salud y seguridad de los trabajadores frente al riesgo eléctrico.

- El Real Decreto 223/2008, de 15 de febrero, por el que se aprueba el Reglamento sobre condiciones técnicas y garantías de seguridad en líneas eléctricas de alta tensión y sus instrucciones técnicas complementarias ITC-LAT 01 a 09.

- El Real Decreto 842/2002, de 2 de agosto, y sus instrucciones técnicas complementarias (ITC), por el que se aprueba el Reglamento electrotécnico para baja tensión.

- Real Decreto 337/2014, de 9 de mayo, por el que se aprueba el Reglamento sobre condiciones técnicas y garantías de seguridad en instalaciones eléctricas de alta tensión y sus Instrucciones Técnicas Complementarias ITC-RAT 01 a 23.

a) Instalaciones eléctricas

Las instalaciones eléctricas deben cumplir con la normativa vigente, incluyendo el Real Decreto 614/2001, Real Decreto 223/2008, Real Decreto 842/2002 y Real Decreto 337/2014, para garantizar la seguridad y protección contra riesgos eléctricos. Se deben evitar peligros de incendio, explosión y electrocución, y se requiere que las instalaciones sean realizadas por personal cualificado. Además, se establecen medidas específicas para la protección de las instalaciones frente a condiciones climáticas y mecánicas. En el caso de los grupos electrógenos con potencia superior a 10 kilovatios, se exige un proyecto de instalación redactado por personal técnico competente.

b) Otras instalaciones de suministro y reparto de energía

Las instalaciones y aparatos a presión, así como el almacenamiento de combustibles, deben ajustarse a su normativa específica y ser mantenidos por entidades autorizadas. Se deben seguir las indicaciones del fabricante para recambios y repuestos, y las zonas de almacenamiento de combustible deben estar señalizadas y equipadas con medidas de seguridad adecuadas.

c) Instalaciones higiénico-sanitarias

Las obras deben contar con servicios sanitarios y comunes proporcionales al número de trabajadores, incluyendo vestuarios, duchas, lavabos y retretes separados por género o con uso separado. Se deben proporcionar locales de descanso o alojamiento cuando sea necesario, así como instalaciones para comer y preparar alimentos. Se establece la obligación de la empresa de garantizar primeros auxilios y evacuación en caso de emergencia, con locales de primeros auxilios si hay más de 50 trabajadores en la obra. Además, se debe disponer de agua potable y equipos de protección individual para visitantes.

Las disposiciones varias incluyen la señalización de accesos y perímetro de la obra, la organización del servicio de agua y la protección del personal contra las inclemencias del tiempo. Se deben reponer las prendas de trabajo deterioradas por la suciedad generada en ciertos trabajos, independientemente de la duración media prevista en los convenios.

2. Vías y salidas de emergencia

Las vías y salidas de emergencia deberán permanecer expeditas y desembocar lo más directamente posible en una zona de seguridad. En caso de peligro, todos los lugares de trabajo deberán poder evacuarse rápidamente y en condiciones de máxima seguridad para los trabajadores.

El número, la distribución y las dimensiones de las vías y salidas de emergencia dependerán del uso, de los equipos y de las dimensiones de la obra y de los locales, así como del número máximo de personas que puedan estar presente en ellos.

Las vías y salidas específicas de emergencia deberán señalizarse conforme al Real Decreto 485/1997, de 14 de abril. Dicha señalización deberá fijarse en los lugares adecuados y tener la resistencia suficiente.

Las vías y salidas de emergencia, así como las vías de circulación y las puertas que den acceso a ellas, no deberán estar obstruidas por ningún objeto, de modo que puedan utilizarse sin trabas en cualquier momento.

En caso de avería del sistema de alumbrado, las vías y salidas de emergencia que requieran iluminación deberán estar equipadas con iluminación de seguridad de suficiente intensidad.

3. Detección y lucha contra incendios

Según las características de la obra y según las dimensiones y el uso de los locales, los equipos presentes, las características físicas y químicas de las sustancias o materiales que se hallen presentes, así como el número máximo de personas que puedan hallarse en ellos, se deberá prever un número suficiente de dispositivos apropiados de lucha contra incendios y, si fuere necesario, de detectores de incendios y de sistemas de alarma.

Dichos dispositivos de lucha contra incendios y sistemas de alarma deberán verificarse y mantenerse con regularidad. Deberán realizarse, a intervalos regulares, pruebas y ejercicios adecuados.

Los dispositivos no automáticos de lucha contra incendios deberán ser de fácil acceso y manipulación. Deberán estar señalizados conforme al Real

Decreto sobre señalización de seguridad y salud en el trabajo. Dicha señalización deberá fijarse en los lugares adecuados y tener la resistencia suficiente.

4. Ventilación

Teniendo en cuenta los métodos de trabajo y las cargas físicas impuestas a los trabajadores, éstos deberán disponer de aire limpio en cantidad suficiente.

En caso de que se utilice una instalación de ventilación, deberá mantenerse en buen estado de funcionamiento y los trabajadores no deberán estar expuestos a corrientes de aire que perjudiquen su salud. Siempre que sea necesario para la salud de los trabajadores, deberá haber un sistema de control que indique cualquier avería.

5. Exposición a riesgos particulares

Los trabajadores no deberán estar expuestos a niveles sonoros nocivos ni a factores externos nocivos (ej.: gases, vapores, polvo).

En caso de que algunos trabajadores deban penetrar en una zona cuya atmósfera pudiera contener sustancias tóxicas o nocivas, o no tener oxígeno en cantidad suficiente o ser inflamable, la atmósfera confinada deberá ser controlada y se deberán adoptar medidas adecuadas para prevenir cualquier peligro.

En ningún caso podrá exponerse a un trabajador a una atmósfera confinada de alto riesgo. Deberá, al menos, quedar bajo vigilancia permanente desde el exterior y deberán tomarse todas las debidas precauciones para que se le pueda prestar auxilio eficaz e inmediato.

6. Temperatura e iluminación

La temperatura debe ser la adecuada para el organismo humano durante el tiempo de trabajo, cuando las circunstancias lo permitan, teniendo en cuenta los métodos de trabajo que se apliquen y las cargas físicas impuestas a los trabajadores.

Los lugares de trabajo, los locales y las vías de circulación en la obra deberán disponer, en la medida de lo posible, de suficiente luz natural y tener una iluminación artificial adecuada y suficiente durante la noche y cuando no sea suficiente la luz natural. En su caso, se utilizarán puntos de iluminación portátiles con protección antichoques. El color utilizado para la iluminación artificial no podrá alterar o influir en la percepción de las señales o paneles de señalización.

Las instalaciones de iluminación de los locales, de los puestos de trabajo y de las vías de circulación deberán estar colocadas de tal manera que el tipo de iluminación previsto no suponga riesgo de accidente para los trabajadores.

Los locales, los lugares de trabajo y las vías de circulación en los que los trabajadores estén particularmente expuestos a riesgos en caso de avería de la iluminación artificial deberán poseer una iluminación de seguridad de intensidad suficiente.

7. Puertas y portones

Las puertas correderas deberán ir provistas de un sistema de seguridad que les impida salirse de los raíles y caerse.

Las puertas y portones que se abran hacia arriba deberán ir provistos de un sistema de seguridad que les impida volver a bajarse.

Las puertas y portones situados en el recorrido de las vías de emergencia deberán estar señalizados de manera adecuada.

En las proximidades inmediatas de los portones destinados sobre todo a la circulación de vehículos deberán existir puertas para la circulación de los peatones, salvo en caso de que el paso sea seguro para éstos. Dichas puertas deberán estar señalizadas de manera claramente visible y permanecer expeditas en todo momento.

Las puertas y portones mecánicos deberán funcionar sin riesgo de accidente para los trabajadores. Deberán poseer dispositivos de parada de emergencia fácilmente identificables y de fácil acceso y también deberán poder abrirse manualmente excepto si en caso de producirse una avería en el sistema de energía se abren automáticamente.

8. Vías de circulación y zonas peligrosas

Las vías de circulación, incluidas las escaleras, las escalas fijas y los muelles y rampas de carga deberán estar calculados, situados, acondicionados y preparados para su uso de manera que se puedan utilizar fácilmente, con toda seguridad y conforme al uso al que se les haya destinado y de forma que los trabajadores empleados en las proximidades de estas vías de circulación no corran riesgo alguno.

Las dimensiones de las vías destinadas a la circulación de personas o de mercancías, incluidas aquellas en las que se realicen operaciones de carga y descarga, se calcularán de acuerdo con el número de personas que puedan utilizarlas y con el tipo de actividad. Cuando se utilicen medios de transporte en las vías de circulación, se deberá prever una distancia de seguridad suficiente o medios de protección adecuados para las demás personas que puedan estar presentes en el recinto. Se señalizarán claramente las vías y se procederá regularmente a su control y mantenimiento.

Las vías de circulación destinadas a los vehículos deberán estar situadas a una distancia suficiente de las puertas, portones, pasos de peatones, corredores y escaleras.

Si en la obra hubiera zonas de acceso limitado, dichas zonas deberán estar equipadas con dispositivos que eviten que los trabajadores no autorizados puedan penetrar en ellas. Se deberán tomar todas las medidas adecuadas para proteger a los trabajadores que estén autorizados a penetrar en las zonas de peligro. Estas zonas deberán estar señalizadas de modo claramente visible.

9. Muelles y rampas de carga

Los muelles y rampas de carga deberán ser adecuados a las dimensiones de las cargas transportadas. Los muelles de carga deberán tener al menos una salida y las rampas de carga deberán ofrecer la seguridad de que los trabajadores no puedan caerse.

10. Espacio de trabajo

Las dimensiones del puesto de trabajo deberán calcularse de tal manera que los trabajadores dispongan de la suficiente libertad de movimientos para sus actividades, teniendo en cuenta la presencia de todo el equipo y material necesario.

11. Primeros auxilios

Será responsabilidad del empresario garantizar que los primeros auxilios puedan prestarse en todo momento por personal con la suficiente formación para ello. Asimismo, deberán adoptarse medidas para garantizar la evacuación, a fin de recibir cuidados médicos, de los trabajadores accidentados o afectados por una indisposición repentina.

Cuando el tamaño de la obra o el tipo de actividad lo requieran, deberá contarse con uno o varios locales para primeros auxilios.

Los locales para primeros auxilios deberán estar dotados de las instalaciones y el material de primeros auxilios indispensables y tener fácil acceso para las camillas. Deberán estar señalizados conforme al Real Decreto sobre señalización de seguridad y salud en el trabajo.

En todos los lugares en los que las condiciones de trabajo lo requieran se deberá disponer también de material de primeros auxilios, debidamente señalizado y de fácil acceso. Una señalización claramente visible deberá indicar la dirección y el número de teléfono del servicio local de urgencia.

12. Servicios higiénicos

Cuando los trabajadores tengan que llevar ropa especial de trabajo deberán tener a su disposición vestuarios adecuados. Los vestuarios deberán ser de fácil acceso, tener las dimensiones suficientes y disponer de asientos e instalaciones que permitan a cada trabajador poner a secar, si fuera necesario, su ropa de trabajo. Asimismo, cuando las circunstancias lo exijan (por ejemplo, sustancias peligrosas, humedad, suciedad), la ropa de trabajo deberá poder guardarse separada de la ropa de calle y de los efectos personales. Cuando los vestuarios no sean necesarios, en el sentido del párrafo primero de este apartado, cada trabajador deberá poder disponer de un espacio para colocar su ropa y sus objetos personales bajo llave.

Cuando el tipo de actividad o la salubridad lo requieran, se deberán poner a disposición de los trabajadores duchas apropiadas y en número suficiente.

Las duchas deberán tener dimensiones suficientes para permitir que cualquier trabajador se asee sin obstáculos y en adecuadas condiciones de higiene. Las duchas deberán disponer de agua corriente, caliente y fría.

Cuando, con arreglo al párrafo primero de este apartado, no sean necesarias duchas, deberá haber lavabos suficientes y apropiados con agua corriente, caliente si fuere necesario, cerca de los puestos de trabajo y de los vestuarios.

Si las duchas o los lavabos y los vestuarios estuvieren separados, la comunicación entre unos y otros deberá ser fácil.

Los trabajadores deberán disponer en las proximidades de sus puestos de trabajo, de los locales de descanso, de los vestuarios y de las duchas o lavabos, de locales especiales equipados con un número suficiente de retretes y de lavabos.

Los vestuarios, duchas, lavabos y retretes estarán separados para hombres y mujeres, o deberá preverse una utilización por separado de los mismos.

13. Locales de descanso o de alojamiento

Cuando lo exijan la seguridad o la salud de los trabajadores, en particular debido al tipo de actividad o el número de trabajadores, y por motivos de alejamiento de la obra, los trabajadores deberán poder disponer de locales de descanso y, en su caso, de locales de alojamiento de fácil acceso.

Los locales de descanso o de alojamiento deberán tener unas dimensiones suficientes y estar amueblados con un número de mesas y de asientos con respaldo acorde con el número de trabajadores.

Cuando no existan este tipo de locales se deberá poner a disposición del personal otro tipo de instalaciones para que puedan ser utilizadas durante la interrupción del trabajo.

Cuando existan locales de alojamiento fijos, deberán disponer de servicios higiénicos en número suficiente, así como de una sala para comer y otra de esparcimiento.

Dichos locales deberán estar equipados de camas, armarios, mesas y sillas con respaldo acordes al número de trabajadores, y se deberá tener en cuenta, en su caso, para su asignación, la presencia de trabajadores de ambos sexos.

En los locales de descanso o de alojamiento deberán tomarse medidas adecuadas de protección para los no fumadores contra las molestias debidas al humo del tabaco.

14. Mujeres embarazadas y madres lactantes

Las mujeres embarazadas y las madres lactantes deberán tener la posibilidad de descansar tumbadas en condiciones adecuadas. En este sentido, hay que tener en cuenta las directrices para la evaluación de riesgos y protección de la maternidad en el trabajo editadas por el INSST.

15. Trabajadores minusválidos

Los lugares de trabajo deberán estar acondicionados teniendo en cuenta, en su caso, a los trabajadores minusválidos.

Esta disposición se aplicará, en particular, a las puertas, vías de circulación, escaleras, duchas, lavabos, retretes y lugares de trabajo utilizados u ocupados directamente por trabajadores minusválidos.

16. Disposiciones varias

Los accesos y el perímetro de la obra deberán señalizarse y destacarse de manera que sean claramente visibles e identificables.

En la obra, los trabajadores deberán disponer de agua potable y, en su caso, de otra bebida apropiada no alcohólica en cantidad suficiente, tanto en los locales que ocupen como cerca de los puestos de trabajo.

Los trabajadores deberán disponer de instalaciones para poder comer y, en su caso, para preparar sus comidas en condiciones de seguridad y salud.

A TENER EN CUENTA. El capítulo VII del vigente CCGSC regula las instalaciones de suministro y reparto de energía y almacenamiento de combustibles e instalaciones higiénico-sanitarias.

7.1.2. Disposiciones de prevención en el sector de la construcción relativas a los puestos de trabajo en las obras en el interior de los locales

1. Puertas de emergencia

Las puertas de emergencia deberán abrirse hacia el exterior y no deberán estar cerradas, de tal forma que cualquier persona que necesite utilizarlas en caso de emergencia pueda abrirlas fácil e inmediatamente.

Estarán prohibidas como puertas de emergencia las puertas correderas y las puertas giratorias.

2. Ventilación

En caso de que se utilicen instalaciones de aire acondicionado o de ventilación mecánica, estas deberán funcionar de tal manera que los trabajadores no estén expuestos a corrientes de aire molestas.

Deberá eliminarse con rapidez todo depósito de cualquier tipo de suciedad que pudiera entrañar un riesgo inmediato para la salud de los trabajadores por contaminación del aire que respiran.

3. Temperatura

La temperatura de los locales de descanso, de los locales para el personal de guardia, de los servicios higiénicos, de los comedores y de los locales de primeros auxilios deberá corresponder al uso específico de dichos locales.

Las ventanas, los vanos de iluminación cenitales y los tabiques acristalados deberán permitir evitar una insolación excesiva, teniendo en cuenta el tipo de trabajo y uso del local.

4. Suelos, paredes y techos de los locales

Los suelos de los locales deberán estar libres de protuberancias, agujeros o planos inclinados peligrosos, y ser fijos, estables y no resbaladizos.

Las superficies de los suelos, las paredes y los techos de los locales se deberán poder limpiar y enlucir para lograr condiciones de higiene adecuadas.

Los tabiques transparentes o translúcidos y, en especial, los tabiques acristalados situados en los locales o en las proximidades de los puestos de trabajo y vías de circulación, deberán estar claramente señalizados y fabricados con materiales seguros o bien estar separados de dichos puestos y vías, para evitar que los trabajadores puedan golpearse con los mismos o lesionarse en caso de rotura de dichos tabiques.

5. Ventanas y vanos de iluminación cenital

Las ventanas, vanos de iluminación cenital y dispositivos de ventilación deberán poder abrirse, cerrarse, ajustarse y fijarse por los trabajadores de manera segura. Cuando estén abiertos, no deberán quedar en posiciones que constituyan un peligro para los trabajadores.

Las ventanas y vanos de iluminación cenital deberán proyectarse integrando los sistemas de limpieza o deberán llevar dispositivos que permitan limpiarlos sin riesgo para los trabajadores que efectúen este trabajo ni para los demás trabajadores que se hallen presentes.

6. Puertas y portones

La posición, el número, los materiales de fabricación y las dimensiones de las puertas y portones se determinarán según el carácter y el uso de los locales.

Las puertas transparentes deberán tener una señalización a la altura de la vista.

Las puertas y los portones que se cierren solos deberán ser transparentes o tener paneles transparentes.

Las superficies transparentes o translúcidas de las puertas o portones que no sean de materiales seguros deberán protegerse contra la rotura cuando esta pueda suponer un peligro para los trabajadores.

7. Vías de circulación

Para garantizar la protección de los trabajadores, el trazado de las vías de circulación deberá estar claramente marcado en la medida en que lo exijan la utilización y las instalaciones de los locales.

8. Escaleras mecánicas y cintas rodantes

Las escaleras mecánicas y las cintas rodantes deberán funcionar de manera segura y disponer de todos los dispositivos de seguridad necesarios. En particular deberán poseer dispositivos de parada de emergencia fácilmente identificables y de fácil acceso.

9. Dimensiones y volumen de aire de los locales

Los locales deberán tener una superficie y una altura que permita que los trabajadores lleven a cabo su trabajo sin riesgos para su seguridad, su salud o su bienestar.

7.1.3. Disposiciones de prevención en el sector de la construcción relativas a puestos de trabajo en las obras en el exterior de los locales

1. Estabilidad y solidez

Los puestos de trabajo móviles o fijos situados por encima o por debajo del nivel del suelo deberán ser sólidos y estables teniendo en cuenta:

- El número de trabajadores que los ocupen.
- Las cargas máximas que, en su caso, puedan tener que soportar, así como su distribución.
- Los factores externos que pudieran afectarles.

En caso de que los soportes y los demás elementos de estos lugares de trabajo no poseyeran estabilidad propia, se deberá garantizar su estabilidad mediante elementos de fijación apropiados y seguros con el fin de evitar cualquier desplazamiento inesperado o involuntario del conjunto o de parte de dichos puestos de trabajo.

Deberá verificarse de manera apropiada la estabilidad y la solidez, y especialmente después de cualquier modificación de la altura o de la profundidad del puesto de trabajo.

2. Caídas de objetos

Los trabajadores deberán estar protegidos contra la caída de objetos o materiales; para ello se utilizarán, siempre que sea técnicamente posible, medidas de protección colectiva.

Cuando sea necesario, se establecerán pasos cubiertos o se impedirá el acceso a las zonas peligrosas.

Los materiales de acopio, equipos y herramientas de trabajo deberán colocarse o almacenarse de forma que se evite su desplome, caída o vuelco.

3. Caídas de altura

Las plataformas, andamios y pasarelas, así como los desniveles, huecos y aberturas existentes en los pisos de las obras, que supongan para los trabajadores un riesgo de caída de altura superior a 2 metros, se protegerán mediante barandillas u otro sistema de protección colectiva de seguridad equivalente. Las barandillas serán resistentes, tendrán una altura mínima de 90 centímetros y dispondrán de un reborde de protección, un pasamanos y una protección intermedia que impidan el paso o deslizamiento de los trabajadores.

Los trabajos en altura sólo podrán efectuarse, en principio, con la ayuda de equipos concebidos para tal fin o utilizando dispositivos de protección colectiva, tales como barandillas, plataformas o redes de seguridad. Si por la naturaleza del trabajo ello no fuera posible, deberá disponerse de medios de acceso seguros y utilizarse cinturones de seguridad con anclaje u otros medios de protección equivalente.

La estabilidad y solidez de los elementos de soporte y el buen estado de los medios de protección deberán verificarse previamente a su uso, posteriormente de forma periódica y cada vez que sus condiciones de seguridad puedan resultar afectadas por una modificación, período de no utilización o cualquier otra circunstancia.

4. Factores atmosféricos

Deberá protegerse a los trabajadores contra las inclemencias atmosféricas que puedan comprometer su seguridad y su salud.

5. Andamios y escaleras

Los andamios, así como sus plataformas, pasarelas y escaleras, deberán ajustarse a lo establecido en su normativa específica.

Las escaleras de mano de los lugares de trabajo deberán ajustarse a lo establecido en su normativa específica.

6. Aparatos elevadores

Los aparatos elevadores y los accesorios de izado utilizados en las obras, deberán ajustarse a lo dispuesto en su normativa específica. En todo caso, y a salvo de disposiciones específicas de la normativa citada, los aparatos elevadores y los accesorios de izado deberán satisfacer las condiciones que se señalan en los siguientes puntos de este apartado.

Los aparatos elevadores y los accesorios de izado, incluidos sus elementos constitutivos, sus elementos de fijación, anclajes y soportes, deberán:

- Ser de buen diseño y construcción y tener una resistencia suficiente para el uso al que estén destinados.

- Instalarse y utilizarse correctamente.

- Mantenerse en buen estado de funcionamiento.

- Ser manejados por trabajadores cualificados que hayan recibido una formación adecuada.

- En los aparatos elevadores y en los accesorios de izado se deberá colocar, de manera visible, la indicación del valor de su carga máxima.

- Los aparatos elevadores y sus accesorios no podrán utilizarse para fines distintos de aquellos a los que estén destinados.

7. Vehículos y maquinaria para movimiento de tierras y manipulación de materiales

Los vehículos y maquinaria para movimientos de tierras y manipulación de materiales deberán ajustarse a lo dispuesto en su normativa específica. En todo caso, y a salvo de disposiciones específicas de la normativa citada, los vehículos y maquinaria para movimientos de tierras y manipulación de materiales deberán satisfacer las condiciones que se señalan en los siguientes puntos de este apartado.

Todos los vehículos y toda maquinaria para movimientos de tierras y para manipulación de materiales deberán:

- Estar bien proyectados y construidos, teniendo en cuenta, en la medida de lo posible, los principios de la ergonomía.

- Mantenerse en buen estado de funcionamiento.

- Utilizarse correctamente.

- Los conductores y personal encargado de vehículos y maquinarias para movimientos de tierras y manipulación de materiales deberán recibir una formación especial.

- Deberán adoptarse medidas preventivas para evitar que caigan en las excavaciones o en el agua vehículos o maquinarias para movimiento de tierras y manipulación de materiales.

Cuando sea adecuado, las maquinarias para movimientos de tierras y manipulación de materiales deberán estar equipadas con estructuras concebidas para proteger al conductor contra el aplastamiento, en caso de vuelco de la máquina, y contra la caída de objetos.

8. Instalaciones, máquinas y equipos

Las instalaciones, máquinas y equipos utilizados en las obras deberán ajustarse a lo dispuesto en su normativa específica. En todo caso, y a salvo de disposiciones específicas de la normativa citada, las instalaciones, máquinas y equipos deberán satisfacer las condiciones que se señalan en los siguientes puntos de este apartado.

Las instalaciones, máquinas y equipos, incluidas las herramientas manuales o sin motor, deberán:

- Estar bien proyectados y construidos, teniendo en cuenta, en la medida de lo posible, los principios de la ergonomía.

- Mantenerse en buen estado de funcionamiento.

- Utilizarse exclusivamente para los trabajos que hayan sido diseñados.

- Ser manejados por trabajadores que hayan recibido una formación adecuada.

Las instalaciones y los aparatos a presión deberán ajustarse a lo dispuesto en su normativa específica.

9. Movimientos de tierras, excavaciones, pozos, trabajos subterráneos y túneles

Antes de comenzar los trabajos de movimientos de tierras, deberán tomarse medidas para localizar y reducir al mínimo los peligros debidos a cables subterráneos y demás sistemas de distribución.

En las excavaciones, pozos, trabajos subterráneos o túneles deberán tomarse las precauciones adecuadas:

- Para prevenir los riesgos de sepultamiento por desprendimiento de tierras, caídas de personas, tierras, materiales u objetos, mediante sistemas de ventilación, blindaje, apeo, taludes u otras medidas adecuadas.

- Para prevenir la irrupción accidental de agua, mediante los sistemas o medidas adecuadas.

- Para garantizar una ventilación suficiente en todos los lugares de trabajo de manera que se mantenga una atmósfera apta para la respiración que no sea peligrosa o nociva para la salud.

- Para permitir que los trabajadores puedan ponerse a salvo en caso de que se produzca un incendio o una irrupción de agua o la caída de materiales.

Deberán preverse vías seguras para entrar y salir de la excavación.

Las acumulaciones de tierras, escombros o materiales y los vehículos en movimiento deberán mantenerse alejados de las excavaciones o deberán tomarse las medidas adecuadas, en su caso mediante la construcción de barreras, para evitar su caída en las mismas o el derrumbamiento del terreno.

> **A TENER EN CUENTA.** El capítulo VI del vigente CCGSC regula los equipos de trabajo y maquinaria de obra.

10. Instalaciones de distribución de energía

Deberán verificarse y mantenerse con regularidad las instalaciones de distribución de energía presentes en la obra, en particular las que estén sometidas a factores externos.

Las instalaciones existentes antes del comienzo de la obra deberán estar localizadas, verificadas y señalizadas claramente.

Cuando existan líneas de tendido eléctrico aéreas que puedan afectar a la seguridad en la obra será necesario desviarlas fuera del recinto de la obra o dejarlas sin tensión. Si esto no fuera posible, se colocarán barreras o avisos para que los vehículos y las instalaciones se mantengan alejados de las mismas. En caso de que vehículos de la obra tuvieran que circular bajo el tendido se utilizarán una señalización de advertencia y una protección de delimitación de altura.

11. Estructuras metálicas o de hormigón, encofrados y piezas prefabricadas pesadas

Las estructuras metálicas o de hormigón y sus elementos, los encofrados, las piezas prefabricadas pesadas o los soportes temporales y los apuntalamientos solo se podrán montar o desmontar bajo vigilancia, control y dirección de una persona competente.

Los encofrados, los soportes temporales y los apuntalamientos deberán proyectarse, calcularse, montarse y mantenerse de manera que puedan soportar sin riesgo las cargas a que sean sometidos.

Deberán adoptarse las medidas necesarias para proteger a los trabajadores contra los peligros derivados de la fragilidad o inestabilidad temporal de la obra.

12. Otros trabajos específicos

Los trabajos de derribo o demolición que puedan suponer un peligro para los trabajadores deberán estudiarse, planificarse y emprenderse bajo la supervisión de una persona competente y deberán realizarse adoptando las precauciones, métodos y procedimientos apropiados.

En los trabajos en tejados deberán adoptarse las medidas de protección colectiva que sean necesarias, en atención a la altura, inclinación o posible carácter o estado resbaladizo, para evitar la caída de trabajadores, herramientas o materiales. Asimismo, cuando haya que trabajar sobre o cerca de superficies frágiles, se deberán tomar las medidas preventivas adecuadas para evitar que los trabajadores las pisen inadvertidamente o caigan a través suyo.

Los trabajos con explosivos, así como los trabajos en cajones de aire comprimido se ajustarán a lo dispuesto en su normativa específica.

Las ataguías deberán estar bien construidas, con materiales apropiados y sólidos, con una resistencia suficiente y provistas de un equipamiento adecuado para que los trabajadores puedan ponerse a salvo en caso de irrupción de agua y de materiales. La construcción, el montaje, la transformación o el desmontaje de una ataguía deberá realizarse únicamente bajo la vigilancia de una persona competente. Asimismo, las ataguías deberán ser inspeccionadas por una persona competente a intervalos regulares.

A TENER EN CUENTA. El capítulo III del vigente CCGSC regula la realización de otros trabajos específicos en el sector de la construcción como los de demolición, con explosivo o sobre cubiertas.

7.2. Regulación específica en el convenio colectivos general de la construcción en materia de seguridad y salud

El convenio colectivo general del sector de la construcción (CCGSC) regula las disposiciones mínimas de seguridad y salud aplicables en las obras de construcción. A modo de resumen, extraemos los principales aspectos con referencias a su regulación en el artículo correspondiente:

1. Órgano paritario para la prevención en la construcción (OPPC)

El OPPC se define como el órgano paritario de prevención de riesgos laborales específico para el sector de la construcción, con la denominación oficial de "Organismo Paritario para la Prevención en la Construcción". Sus funciones abarcan desde el seguimiento de la accidentabilidad laboral y la elaboración de estadísticas, hasta la organización de formaciones y acciones de sensibilización en materia de prevención de riesgos laborales (arts. 121-137 del VII CCGSC).

La constitución y estructura del OPPC se integran dentro de la Fundación Laboral de la Construcción, dependiendo de sus órganos de gobierno y actuando conforme a sus estatutos. Su ámbito de actuación es tanto estatal como autonómico, con una sede principal en el domicilio social de la FLC.

En cuanto a su composición, el OPPC está formado paritariamente por ocho miembros, divididos equitativamente entre representantes empresaria-

les y de centrales sindicales. Los miembros son designados por las organiza-
ciones que representan y su mandato tiene una duración de cuatro años, con
posibilidad de reelección.

El régimen interno del OPPC establece que las reuniones ordinarias se
celebrarán mensualmente, y las extraordinarias cuando sea necesario. Las
decisiones requieren el voto favorable de al menos el 75% de cada una de las
representaciones para su validez.

En términos de financiación, el OPPC se sostiene a través de subvenciones
públicas y privadas, fondos de la cuota empresarial a la FLC, y otras fuentes
externas. Anualmente, presenta una propuesta de presupuesto a la FLC para
la aprobación del Patronato.

Finalmente, el desarrollo de funciones del OPPC incluye el seguimiento detallado de la accidentabilidad laboral, la organización de visitas a obras para
asesoramiento y promoción de la cultura de prevención, y la formulación de
propuestas basadas en estadísticas y estudios propios para la disminución
de la accidentabilidad. Estas actividades se realizan en coordinación con las
comisiones autonómicas y bajo la aprobación del Patronato de la FLC.

2. Comisión paritaria sectorial de seguridad y salud en el trabajo

Compuesta por un máximo de 10 miembros, con igual representación de
las partes sindical y empresarial, esta comisión se encarga de diversas funciones esenciales, desde el diálogo con el Ministerio de Trabajo y Economía
Social hasta la promoción de medidas para mejorar la seguridad en el sector.
Los acuerdos de la comisión requieren el apoyo del 75% de ambas representaciones, asegurando un consenso significativo en sus decisiones (art. 138
del VII CCGSC). A través de su trabajo colaborativo y sus amplias funciones:

- Actúa como interlocutor sectorial ante el Ministerio de Trabajo y los
Gobiernos Autónomos en temas de seguridad y salud, abarcando
tanto la legislación como el desarrollo de planes formativos.

- Establece mecanismos para coordinar la información sobre siniestralidad en el sector, trabajando con comisiones provinciales o paritarias.

- Impulsa iniciativas para mejorar la seguridad y salud en el sector, incluyendo campañas de sensibilización.

- Sugiere normas y criterios relacionados con la expedición y registro
de esta tarjeta y los cursos asociados.

- Busca obtener los medios necesarios para desarrollar sus funciones
eficazmente.

- Puede asumir otras funciones que acuerde para cumplir mejor sus
objetivos.

3. Información y formación en seguridad y salud

Como hemos tratado, el CCGSC fija una serie de contenidos didácticos
que se recogen, tanto en el Capítulo III, Título III, del Libro II del convenio

denominados: primer ciclo de formación: formación inicial; segundo ciclo de formación: contenidos formativos en función del puesto de trabajo o por oficio; y nivel básico de prevención en la construcción; como aquellos otros recogidos en los acuerdos vigentes suscritos con la Fundación Laboral de la Construcción (arts. 139-153 del VII CCGSC).

– Disposiciones generales (nivel básico de prevención en la construcción; convalidación; formación de los recursos humanos de las empresas) (arts. 145-153 del VII CCGSC).

– Acreditación de la formación y Tarjeta Profesional de la Construcción (arts. 154-166 del VII CCGSC).

– Acreditación de la formación en materia de prevención de riesgos laborales de los recursos humanos de las empresas (art. 153 y D.A. 5.ª del VII CCGSC).

> **A TENER EN CUENTA.** Lo dispuesto en el art. 153 del CCGSC respecto de la acreditación en materia de prevención de riesgos laborales de los recursos humanos de las empresas entrará en vigor a partir del 1 de enero de 2018.

– Formación en materia de prevención de riesgos laborales (anexo XII del VII CCGSC).

– Procedimiento para la homologación de actividades formativas en materia de prevención de riesgos laborales, de acuerdo con lo establecido en el vigente Convenio General del Sector de la Construcción (arts. 164-166 del VII CCGSC).

– Reglamento de condiciones para el mantenimiento de la homologación de actividades formativas en materia de prevención de riesgos laborales de acuerdo con lo establecido en el Convenio General del Sector de la Construcción (anexo XV del VII CCGSC).

> **A TENER EN CUENTA.** Las modificaciones del Procedimiento para la homologación de las acciones formativas en materia de prevención de riesgos laborales (Anexo XIV) y del Reglamento de condiciones para el mantenimiento de la homologación de las acciones formativas en materia de la prevención de riesgos laborales de acuerdo con lo establecido en el Convenio General del Sector de la Construcción (Anexo XV) se aplicarán a los expedientes que se inicien a partir de los seis meses de la entrada en vigor del presente Convenio, siendo de aplicación y plena vigencia hasta ese momento la redacción de los Anexos XIV y XV contenidos en el VI Convenio General del Sector de la Construcción.

4. Disposiciones mínimas de seguridad y salud aplicables en las obras de construcción

El CCGSC abarca una amplia gama de temas relacionados con la seguridad en el lugar de trabajo, incluyendo la estabilidad y solidez de materiales y equipos, protección contra el riesgo de caídas de altura, vías de circulación, protección contra el riesgo de caídas de objetos, iluminación, factores atmosféricos, detección y lucha contra incendios, exposición a riesgos particulares, y normas específicas para el uso de andamios. Cada sección del documento detalla las medidas de seguridad y salud que deben adoptarse para proteger a los trabajadores en diferentes situaciones y condiciones de trabajo, desde la estabilidad de los materiales y equipos hasta la protección contra inclemencias atmosféricas y riesgos de incendio. Además, se establecen normas específicas para la utilización de diferentes tipos de andamios, incluyendo condiciones generales de uso, resistencia y estabilidad, planes de montaje, supervisión y formación de montadores, inspección de andamios, y normas específicas para andamios tubulares, torres de acceso y trabajo móviles, plataformas elevadoras sobre mástil, y plataformas suspendidas de nivel variable.

- Condiciones generales (estabilidad y solidez de materiales y equipos: protección contra el riesgo de caídas de altura; vías de circulación: protección contra el riesgo de caídas de objetos; iluminación; factores atmosféricos; detección y lucha contra incendios; exposición a riesgos particulares) (arts. 167-174 del VII CCGSC).

- Andamios (condiciones generales; normas específicas para determinados tipos de andamios) (arts. 175-186 del VII CCGSC).

- Protecciones colectivas (escalas fijas o de servicio, escaleras de mano y otros equipos para trabajos temporales en altura) (arts. 187-199 del VII CCGSC).

- Trabajos de movimientos de tierras, excavación, pozos, trabajos subterráneos y túneles (medidas a adoptar antes del inicio de los trabajos; medidas a adoptar durante los trabajos; acumulaciones de tierras, escombros o materiales; vías de entrada y salida; ascensos y descensos de trabajadores; ventilación; trabajos en atmósferas peligrosas o tóxicas; trabajos subterráneos; medidas en caso de incendio, irrupción de agua o caída de materiales) (arts. 200-208 del VII CCGSC).

- Trabajos de demolición (arts. 209-213 del VII CCGSC).

- Trabajos con explosivos y en cajones de aire comprimido (art. 214 del VII CCGSC).

- Trabajos sobre cubiertas (art. 215 del VII CCGSC).

5. Equipos de trabajo y maquinaria de obra

Los aparatos elevadores deben cumplir con el Real Decreto 1644/2008, que establece normas para la comercialización y puesta en servicio de máquinas, incluyendo el marcado CE y la declaración de conformidad. Para aquellos aparatos no cubiertos por este decreto, se aplica el Real Decreto 1215/1997, que dicta las disposiciones mínimas de seguridad y salud para la utilización de equipos de trabajo.

Se establecen requisitos de diseño, construcción, instalación, uso y mantenimiento para garantizar la seguridad. Se enfatiza la importancia de la formación adecuada para los operadores y se prohíbe el uso de estos equipos para transportar personas. Además, se detallan medidas específicas para evitar accidentes, como el control de la estabilidad del terreno y la revisión del estado de los elementos de izado.

El VII CCGSC establece condiciones específicas según el tipo de maquinaria (arts. 216-221 del VII CCGSC):

- **Grúas torre:** deben cumplir con el Real Decreto 836/2003 y se prohíben ciertas operaciones como realizar tracciones oblicuas o elevar cargas que superen las permitidas.

- **Grúas móviles autopropulsadas:** reguladas por el Real Decreto 837/2003, deben estacionarse adecuadamente y no realizar operaciones fuera de su función designada.

- **Montacargas:** se prohíbe el transporte de personas y se establecen medidas de seguridad específicas para evitar accidentes.

- **Cabrestantes mecánicos o maquinillos:** se deben seguir las instrucciones del fabricante y adoptar medidas de seguridad para proteger a los operadores y evitar el acceso a zonas de carga y descarga.

- **Maquinaria de movimiento de tierras:** la maquinaria debe cumplir con el Real Decreto 1644/2008, que establece normas para la comercialización y puesta en servicio de las máquinas, incluyendo el marcado CE, declaración CE de conformidad y manual de instrucciones. Aquellas máquinas que no estén cubiertas por este decreto deben cumplir con el Real Decreto 1215/1997, que establece las disposiciones mínimas de seguridad y salud para la utilización de equipos de trabajo (arts. 214-216):

  • Condiciones generales:

  » La maquinaria debe estar bien diseñada, construida considerando los principios de ergonomía, mantenida en buen estado y utilizada correctamente.

  » Los operadores deben recibir formación e información adecuada.

  » Se deben adoptar medidas preventivas para evitar caídas en excavaciones o agua.

  » La maquinaria debe estar equipada con estructuras para proteger al conductor contra el aplastamiento en caso de vuelco y contra la caída de objetos.

  • Medidas preventivas:

  » La maquinaria debe usarse y mantenerse según las instrucciones del fabricante.

  » Se deben tomar medidas como el estacionamiento adecuado, instalación de señalización, realización de riegos para evitar polvo, y precauciones para no afectar líneas eléctricas o conducciones.

  » Las características de la maquinaria deben adecuarse a la altura del frente de excavación y se deben definir y señalizar los recorridos de circulación.

  » Antes de la puesta en servicio, se debe comprobar el estado de los dispositivos de frenado, neumáticos, batería, niveles de aceite, etc.

» Solo personas capacitadas y autorizadas pueden manejar la maquinaria, y no se debe utilizar como medio de transporte de personas, salvo que esté equipada con asientos previstos por el fabricante.

» No se debe abandonar la maquinaria con el motor en marcha y se debe evitar la estancia de personas en el radio de acción de la maquinaria.

A TENER EN CUENTA. El Reglamento (UE) 2023/1230 del Parlamento Europeo y del Consejo, reemplazará a la Directiva 2006/42/CE y la Directiva 73/361/CEE. El Reglamento entrará en vigor a los veinte días de su publicación en el Diario Oficial de la Unión Europea. No obstante, será aplicable (con excepciones) a partir del 20 de enero de 2027. (Vademécum Prevención de Riesgos Laborales. Editorial Colex).

6. Instalaciones de suministro y reparto de energía

Siguiendo los arts. 227-228 del VII CCGSC (información tratada con anterioridad en el punto «7.1. Disposiciones mínimas generales aplicables a la prevención en el sector de la construcción»).

7. Disposiciones mínimas de seguridad y salud aplicables en las canteras, areneras, graveras y la explotación de tierras industriales

Siguiendo el art. 238 del VII CCGSC.

8. Vigilancia de la salud

Sin perjuicio de las obligaciones sobre la vigilancia de la salud establecidas en el art. 22 de la LPRL y el Real Decreto 396/2006, de 31 de marzo (este último en caso de trabajos con riesgo de exposición al amianto), para la vigilancia y control de salud en el sector hemos de seguir las indicaciones del art. 20 y 239 del CCGSC.

La norma colectiva obliga a las empresas a garantizar la vigilancia de la salud de los trabajadores, adaptada a los riesgos inherentes a sus puestos de trabajo.

Los reconocimientos médicos deben ser ofrecidos antes de la admisión y de manera periódica, siendo voluntarios para el trabajador, salvo en casos donde sea imprescindible para evaluar los efectos de las condiciones de trabajo sobre la salud o cuando exista un riesgo por exposición a amianto, donde la vigilancia se vuelve obligatoria.

Los costes de estos reconocimientos, incluidos los gastos de desplazamiento, no deben recaer sobre los trabajadores, y las empresas pueden concertar estos servicios con entidades que dispongan de personal sanitario cualificado.

7.3. Principales riesgos específicos y medidas preventivas

Con carácter general, encontramos los siguientes tipos de riesgo:

TIPOS DE RIESGOS EN EL SECTOR DE LA CONSTRUCCIÓN

Riesgos físicos	Riesgos ergonómicos	Riesgos químicos	Riesgos biológicos	Riesgos psicosociales
• Ruido. • Calor y frío. • Vibraciones.	• Trastornos musculo-esqueléticos (TME). • Manipulación manual de cargas (MMC). • Posturas de trabajo forzadas. • Uso de maquinaria y herramientas. • Realización de tareas repetitivas.	Utilización de productos químicos (disolventes, cemento, yeso, pinturas, etcétera).	Posible exposición a riesgos biológicos (bacterias, virus, etcétera).	• Jornadas largas. • Trabajos que requieren atención constante. • Plazos de entrega, etcétera.

Riesgos asociados a la seguridad en el trabajo

- Caídas al mismo o disitinto nivel.
- Golpes.
- Cortes.
- Caída de objetos por desplome.
- Atrapamientos y sepultamientos.
- Uso de herramientas.
- Transporte y almacenamiento de materiales.
- Proyección de partículas.
- Atropellos.
- Riesgo de incendio
- Riesgo de explosión.
- Riesgo eléctrico.
- Etcétera.

Sobre estos, podemos estandarizar la aplicación de una serie de medidas preventivas con carácter general:

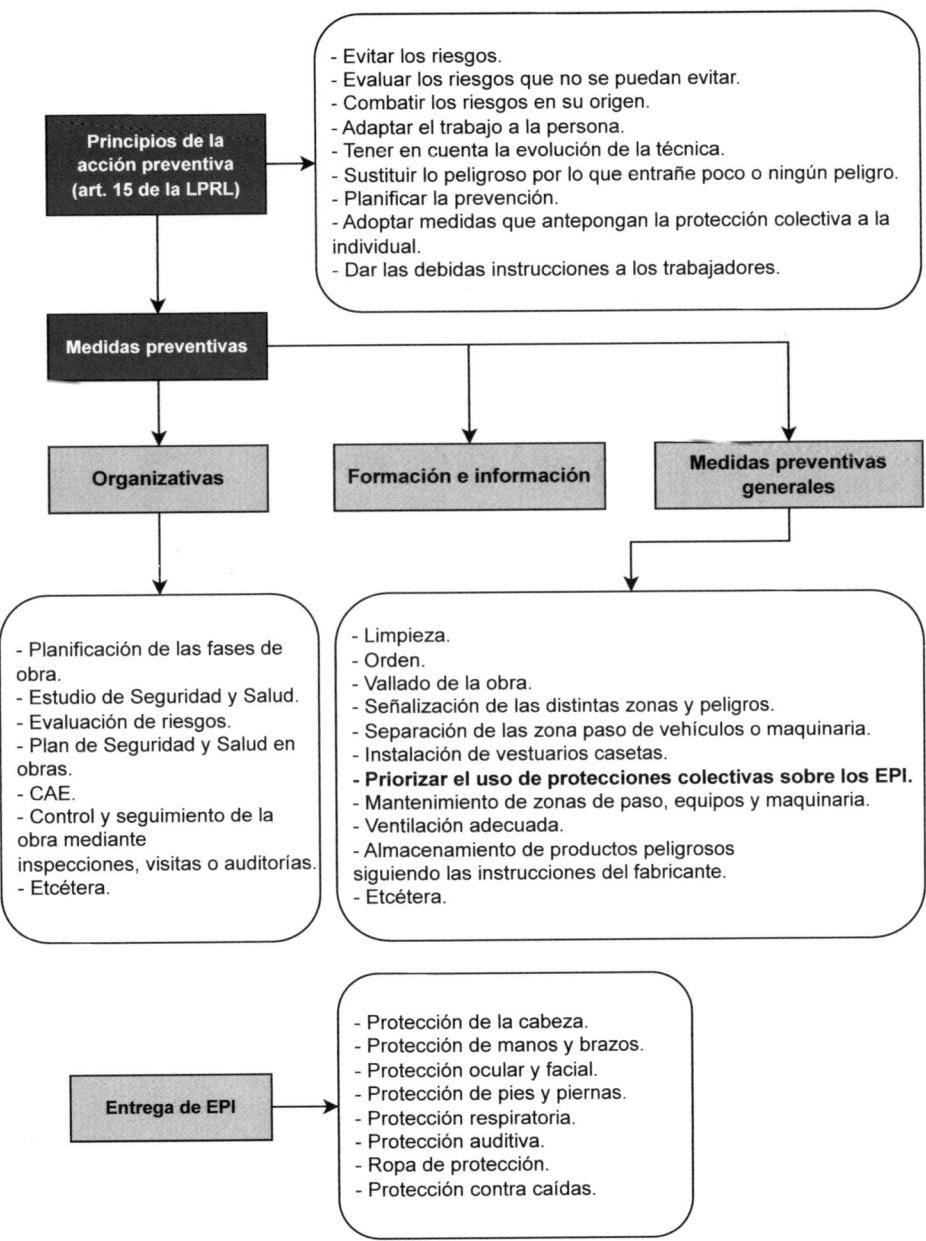

MEDIDAS PREVENTIVAS EN EL SECTOR DE LA CONTRUCCIÓN

Principios de la acción preventiva (art. 15 de la LPRL)

- Evitar los riesgos.
- Evaluar los riesgos que no se puedan evitar.
- Combatir los riesgos en su origen.
- Adaptar el trabajo a la persona.
- Tener en cuenta la evolución de la técnica.
- Sustituir lo peligroso por lo que entrañe poco o ningún peligro.
- Planificar la prevención.
- Adoptar medidas que antepongan la protección colectiva a la individual.
- Dar las debidas instrucciones a los trabajadores.

Medidas preventivas

Organizativas

Formación e información

Medidas preventivas generales

- Planificación de las fases de obra.
- Estudio de Seguridad y Salud.
- Evaluación de riesgos.
- Plan de Seguridad y Salud en obras.
- CAE.
- Control y seguimiento de la obra mediante inspecciones, visitas o auditorías.
- Etcétera.

- Limpieza.
- Orden.
- Vallado de la obra.
- Señalización de las distintas zonas y peligros.
- Separación de las zona paso de vehículos o maquinaria.
- Instalación de vestuarios casetas.
- **Priorizar el uso de protecciones colectivas sobre los EPI.**
- Mantenimiento de zonas de paso, equipos y maquinaria.
- Ventilación adecuada.
- Almacenamiento de productos peligrosos siguiendo las instrucciones del fabricante.
- Etcétera.

Entrega de EPI

- Protección de la cabeza.
- Protección de manos y brazos.
- Protección ocular y facial.
- Protección de pies y piernas.
- Protección respiratoria.
- Protección auditiva.
- Ropa de protección.
- Protección contra caídas.

105

Dentro de este sector, debemos prestar especial atención a los riesgos asociados a la seguridad en trabajos como:

7.3.1. Zanjas y excavaciones

Conforme establece el anexo I del **Real Decreto 1627/1997, de 24 de octubre,** los trabajos de excavación y movimiento de tierras se consideran obras de construcción, siempre que no se trate de industrias extractivas. El artículo 1.2 del mismo Real Decreto excluye de su ámbito de aplicación a las industrias extractivas a cielo abierto, subterráneas o por sondeos, que se regularán conforme a su normativa específica.

Los trabajos así calificados **se definen** como el «movimiento de tierras es el conjunto de trabajos que se realizan en el terreno para modificar su superficie, prepararlo para la construcción y adaptarlo a su forma definitiva, y comprende tanto la extracción como el aporte de tierras». Asimismo, se engloban las excavaciones e incluye actuaciones como explanación, desmonte o terraplenado de la tierra, que se definen así («**Guía Técnica INSHT para la evaluación y prevención de los riesgos relativos a las obras de construcción. INSST. Año 2019**»):

– **Excavación:** «extracción de tierras realizada en zonas localizadas del terreno, e incluye vaciados de tierras, pozos, zanjas, galerías y túneles, entre otros».

– **Pozo**: «excavación vertical o inclinada en la que predomina la dimensión de profundidad sobre la longitud y la anchura».

– **Trabajos subterráneos:** «aquellos ejecutados en lugares o espacios que están por debajo de la cota del terreno y que tienen como «techo» el propio terreno, sin perjuicio de que entre el lugar de trabajo y el terreno puedan existir materiales interpuestos, como son un revestimiento de hormigón o bóvedas de diverso material».

– **Túnel:** «paso subterráneo realizado para establecer una comunicación entre dos puntos».

Respecto a las **medidas mínimas de prevención de riesgos a adoptar** al realizar este tipo de obras, se encuentran las siguientes:

– Antes de comenzar cualquier trabajo de movimiento de tierras, deberán tomarse medidas para localizar y reducir al mínimo los peligros debidos a cables subterráneos, aéreos y demás sistemas de distribución.

– En las excavaciones, pozos, trabajos subterráneos o túneles deberán tomarse las precauciones adecuadas.

– Deberán preverse vías seguras para entrar y salir de la excavación, tanto vehículos como peatones.

– Las acumulaciones de tierras, escombros o materiales y los vehículos en movimiento deberán mantenerse alejados de las excavaciones o deberán tomarse las medidas adecuadas, en su caso mediante la construcción de barreras, para evitar su caída en las mismas o el derrumbamiento del terreno.

DOCUMENTACIÓN DE INTERÉS

– Guía técnica sobre señalización de seguridad y salud en el trabajo. INSST. Año 2023.

– Guía Técnica para la evaluación y prevención de los riesgos relativos a las obras de construcción. INSST. Año 2019.

– VII Convenio general del sector de la construcción.

– Normas tecnológicas de la edificación o NTE (carácter no vinculante, válidas en cuanto no contradigan la normativa legal o convencional):

– NTE-ADV/1976. Acondicionamiento del terreno. Desmontes. Vaciados.

– NTE-ADZ/1976. Acondicionamiento del terreno. Desmontes. Zanjas y pozos.

– NTE-ASD/1977. Acondicionamiento del terreno. Saneamientos. Drenajes y avenamientos.

– NTE-ADE/1977. Acondicionamiento del terreno. Desmontes. Explanación.

– NTE-CCT/1977. Cimentación. Contenciones. Taludes.

– NTE-ADG/1983.- Acondicionamiento del terreno. Desmontes. Galerías.

7.3.2. Trabajos en altura

Conforme establece el anexo I del Real Decreto 1627/1997, de 24 de octubre, los trabajos en altura se incardinan entre los situados por encima o por debajo del nivel del suelo en las obras en el exterior de los locales, si bien deberá tenerse en cuenta también el Real Decreto 1215/1997, de 18 de julio, por el que se establecen las disposiciones mínimas de seguridad y salud para la utilización por los trabajadores de los equipos de trabajo y la guía técnica del INSST.

Se entiende por trabajos en altura aquellos que se ejecutan en un lugar por encima del nivel de referencia, entendiendo como tal, la superficie sobre la que puede caer un trabajador y ocasionarle daños personales (no se incluye en esta definición una caída que pueda producirse desde una escalera fija o una caída al mismo nivel).

Concretamente, se consideran trabajos en altura los realizados en plataformas, andamios y pasarelas, desniveles, huecos y aberturas existentes en los pisos de las obras, que supongan para los trabajadores un riesgo de caída de altura superior a 2 metros desde la superficie en la que esté situado el trabajador hasta la del nivel inferior en la que quedaría retenido el mismo si no se dispusiera de un medio de protección.

Hay que tener en cuenta, que las obligaciones relativas a los trabajos en altura se aplicarán solo si las características de la obra o de la actividad, las circunstancias o la existencia de cualquier riesgo así lo requieran.

De entre las medidas de prevención a adoptar relacionadas con **trabajos en altura**, destacan las siguientes (capítulo III del CCGSC):

a) Trabajos en altura

– Las plataformas, andamios y pasarelas, así como los desniveles, huecos y aberturas existentes en los pisos de las obras que supongan para las personas trabajadoras un riesgo de caída de altura superior a 2 metros, se protegerán mediante barandillas u otro sistema de protección colectiva de seguridad equivalente.

– Los trabajos en altura sólo podrán efectuarse, en principio, con la ayuda de equipos concebidos para tal fin o utilizando medios de protección colectiva, tales como barandillas, plataformas o redes de seguridad. Si por la naturaleza del trabajo ello no fuera posible, deberá disponerse de medios de acceso seguros y utilizarse sistemas anticaídas u otros medios de protección equivalente.

– En los trabajos en tejados deberán adoptarse las medidas de protección colectiva que sean necesarias, en atención a la altura, inclinación o posible carácter o estado resbaladizo, para evitar la caída de personas, herramientas o materiales. Asimismo, cuando haya que trabajar sobre o cerca de superficies frágiles, se deberán tomar las medidas preventivas adecuadas para evitar que las personas trabajadoras las pisen inadvertidamente o caigan a través suyo.

– Para evitar las caídas durante la realización de los trabajos de reparación y mantenimiento de cubiertas, antenas, pararrayos, instalaciones, etc., se dispondrán las medidas de protección necesarias en cada caso, tales como: escalas y pasarelas de acceso seguro entre las diferentes zonas de la cubierta, pasillos técnicos (pasarelas de tránsito), petos perimetrales, sistemas de protección de borde anclados o contrapesados, sistemas de protección colectiva para prevenir la caída a través de los elementos frágiles (ejemplo: lucernarios, claraboyas), sistemas anticaídas, etc.

– Cuando por la naturaleza del trabajo a realizar sobre cualquier elemento que requiera de trabajos temporales en altura y no fuera posible utilizar medios de protección colectiva, deberá disponerse de medios de acceso seguros y sistema anticaídas u otros dispositivos de protección equivalente.

b) Aparatos elevadores

– A estos aparatos les es de aplicación el Real Decreto 1644/2008, de 10 de octubre, por el que se establecen las normas para la comercialización y puesta en servicio de las máquinas, y les resulta exigible que dispongan del «marcado CE», declaración «CE» de conformidad y manual de instrucciones.

– Aquellos aparatos que por su fecha de comercialización o de puesta en servicio por primera vez no les sea de aplicación el referido Real Decreto 1644/2008, deberán estar puestos en conformidad de acuerdo con lo establecido en el Real Decreto 1215/1997, de 18 de julio, por el que se establecen las disposiciones mínimas de seguridad y salud para la utilización por los trabajadores de los equipos de trabajo.

c) Redes de seguridad

Se considera que una red de seguridad es segura cuando cumpla las disposiciones normativas de obligado cumplimiento que fijen los requisitos de seguridad y salud (Real Decreto 1801/2003, de 26 de diciembre).

En la elección y utilización de las redes de seguridad, siempre que sea técnicamente posible por el tipo de trabajos que se ejecuten, se dará prioridad a las redes que evitan la caída frente a aquellas que sólo limitan o atenúan las posibles consecuencias de la misma.

– Con independencia de la obligatoriedad de cumplir las normas técnicas previstas para cada tipo de red, éstas sólo se deberán instalar y utilizar conforme a las instrucciones previstas, en cada caso, por el fabricante. Se estudiará, con carácter previo a su montaje, el tipo de red más adecuado frente al riesgo de caída de altura en función del trabajo que vaya a ejecutarse. El montaje y desmontaje sucesivos será realizado por personal formado e informado.

– La estabilidad y solidez de los elementos de soporte y el buen estado de las redes deberán verificarse previamente a su uso, posteriormente de forma periódica, y cada vez que sus condiciones puedan resultar afectadas por una modificación, período de no utilización o cualquier otra circunstancia.

– Se almacenarán en lugares secos y ventilados.

Una vez retiradas las redes, deberán reponerse los sistemas provisionales de protección de borde.

d) Escalas fijas o de servicio

Las escalas fijas o de servicio deberán cumplir los requisitos establecidos en el Anexo I, apartado 8, del Real Decreto 486/1997, de 14 de abril, de los lugares de trabajo. Dispondrán de una protección circundante a partir de los 4 metros de altura, salvo en el caso de pozos, conductos angostos u otras instalaciones que por su configuración ya proporcionen dicha protección. Para escalas fijas de más de 9 metros se establecerán plataformas de descanso cada 9 metros o fracción.

En el supuesto de que, por las características constitutivas del propio pozo, conducto u otras instalaciones, las necesidades de acceso o la realización del trabajo impidan el establecimiento de las citadas plataformas de descanso, se dispondrán de sistemas anticaídas para su utilización por las personas trabajadoras.

e) Escaleras de mano

Se considera que una escalera de mano es segura cuando cumpla las disposiciones normativas de obligado cumplimiento que fijen los requisitos de seguridad y salud.

En cuanto a su uso, las escaleras deben ser utilizadas como último recurso, cuando otros equipos más seguros no sean viables. Deben tener la resistencia necesaria y elementos de apoyo o sujeción para prevenir caídas. Durante su uso, se deben seguir normas específicas para garantizar la estabilidad y evitar deslizamientos, asegurando un punto de apoyo y sujeción seguros para el trabajador. Se prohíbe el uso de escaleras de mano por más de una persona a la vez, el transporte de cargas que comprometan la seguridad y el uso de escaleras de más de 5 metros sin garantías de resistencia o de construcción improvisada. Las escaleras deben revisarse periódicamente y no se pueden utilizar si están pintadas, ya que esto dificulta la detección de defectos.

f) Plataformas elevadoras móviles de personal (PEMP)

Las plataformas elevadoras móviles de personal (PEMP) y las cestas suspendidas son equipos críticos para la elevación de personas y la realización de trabajos en altura. La normativa española que regula su uso y seguridad es extensa y detallada, destacando principalmente el Real Decreto 1644/2008 y el Real Decreto 1215/1997.

El Real Decreto 1644/2008, de 10 de octubre, exige que las PEMP dispongan del marcado CE, declaración CE de conformidad y manual de instrucciones para su comercialización y puesta en servicio. Las plataformas que no estén sujetas a este decreto por su fecha de comercialización deben cumplir con el Real Decreto 1215/1997, que establece las disposiciones mínimas de seguridad y salud para la utilización de equipos de trabajo.

El uso de las PEMP debe seguir las especificaciones del fabricante, incluyendo la cualificación y formación del personal operador, el reconocimiento previo del terreno, la prohibición de su uso en condiciones contraindicadas y la limitación de carga. Además, es obligatorio el uso de arnés anticaídas.

En cuanto a las cestas suspendidas, su uso se considera excepcional y debe justificarse mediante un estudio de seguridad y salud o una evaluación de riesgos. La elección de estos equipos no puede basarse en criterios económicos y debe atender a los requisitos esenciales de seguridad y salud de la Directiva 2006/42/CEE, así como a normas técnicas nacionales, códigos de buenas prácticas y el estado actual de los conocimientos y de la técnica.

DOCUMENTACIÓN DE INTERÉS

- NTP 1015: Andamios tubulares de componentes prefabricados (I): normas constructivas. INSST. Año 2014.

- Guía técnica para la evaluación y prevención de los riesgos relativos a las obras de construcción. INSST. Año 2019.

- UNE-EN 353-1:2014+A1:2017 (Ratificada). Equipos de protección individual contra caídas de altura. Dispositivos anticaídas deslizantes sobre línea de anclaje. Parte 1: Dispositivos anticaídas deslizantes sobre línea de anclaje rígida.

- UNE-EN 354:2011. Equipos de protección individual contra caídas. Equipos de amarre.

- UNE-EN 355:2002. Equipos de protección individual contra caídas de altura. Absorbedores de energía.

- UNE-EN 358:2018 (Ratificada). Equipo de protección individual para sujeción en posición de trabajo y prevención de caídas de altura. Cinturones y equipos de amarre para posicionamiento de trabajo o de retención.

- UNE-EN 360:2023 (Ratificada). Equipos de protección individual contra caídas de altura. Dispositivos anticaídas retráctiles. (Ratificada por la Asociación Española de Normalización en abril de 2024).

- UNE-EN 361:2002. Equipos de protección individual contra caídas de altura. Arneses anticaídas.

- UNE-EN 362:2005. Equipos de protección individual contra caídas de altura. Conectores.

- UNE-EN 363:2018 (Ratificada). Equipos de protección individual contra caídas. Sistemas de protección individual contra caídas.

- UNE-EN 795:2012 (Ratificada). Equipos de protección individual contra caídas. Dispositivos de anclaje.

- UNE-EN 813:2009. Equipos de protección individual contra caídas. Arneses de asiento.

- UNE-EN 1891:1999. Equipos de protección individual para la prevención de caídas desde una altura. Cuerdas trenzadas con funda, semi estáticas.

CUESTIONES

1. ¿Cuándo es obligatorio realizar un plan de montaje de andamio?

El Real Decreto 2177/2004 de 12 de noviembre establece criterios específicos para determinar cuándo es obligatorio realizar un plan de montaje, utilización y desmontaje de andamios, así como obtener una certificación de su correcta ejecución por parte de un técnico competente. Esta normativa se aplica en situaciones particulares que implican ciertos riesgos debido a la altura o la estructura del andamio. Los casos en los que se requiere cumplir con estas obligaciones incluyen:

- Andamios con una altura superior a 6 metros, medida desde el nivel inferior de apoyo hasta la parte superior.

- Instalación de plataformas suspendidas de nivel variable y plataformas elevadoras sobre mástil.

- Andamios cuyos elementos horizontales salvan distancias entre apoyos que superan los 8 metros, excluyendo aquellos apoyados sobre caballetes.

- Andamios montados en el exterior sobre cúpulas, cubiertas, azoteas o estructuras con una distancia de altura entre el nivel de apoyo y el nivel del suelo mayor de 24 metros.

- Torres de trabajo móviles donde se trabaje a más de 6 metros de altura.

2. ¿Cuándo se considera que una protección de borde es segura?

Cuando cumpla la normativa de obligado cumplimiento que fije los requisitos de seguridad y salud, y así se debe comercializar. En caso de no existir tal normativa, se tendrán en cuenta las normas técnicas nacionales que sean transposición de normas europeas no armonizadas, las normas UNE, los códigos de buenas prácticas y los conocimientos y técnicas actuales. Estos sistemas provisionales de protección de borde pueden ser:

- Barandilla principal con una altura mínima de 90 cm.

- Barandilla intermedia, plinto o rodapié con una altura sobre la superficie de trabajo suficiente para impedir la caída de objetos y materiales y postes.

7.3.3. Instalaciones eléctricas

Las **instalaciones de suministro y reparto de energía** de cualquier tipo: gas, térmica, hidráulica, neumática, radiactiva, eléctrica y otras, deberán proyectarse, realizarse y utilizarse de acuerdo con lo especificado en su propia normativa. De forma genérica en este campo para el sector de la construcción destacamos:

– La **instalación eléctrica** de los lugares de trabajo en las obras, su proyecto y realización, deberá ajustarse a lo dispuesto en su normativa específica y a las condiciones que se indican en el Real Decreto 614/2001, de 8 de junio, Real Decreto 223/2008, de 15 de febrero, Real Decreto 842/2002, de 2 de agosto, Real Decreto 337/2014, de 9 de mayo y norma UNE-EN 61439-4:2013. Conjuntos de aparamenta de baja tensión. Parte 4: Requisitos particulares para conjuntos para obras (CO).

– La **iluminación** de los lugares de trabajo, los locales y las vías de circulación en la obra deberán disponer, en la medida de lo posible, de suficiente luz natural y tener una iluminación artificial adecuada y suficiente durante la noche y cuando no sea suficiente la luz natural, se utilizarán puntos de iluminación portátiles con protección antichoques. En referencia a los puntos de iluminación portátil, destacan las normas UNE-EN 60598-2-4:2018. Luminarias. Parte 2: Requisitos particulares. Sección 4: Luminarias portátiles de uso general y UNE-EN 60598-2-8:2013. Luminarias. Parte 2-8: Requisitos particulares. Luminarias portátiles de mano.

– Las **instalaciones de distribución de energía** deberán **verificarse y mantenerse con regularidad,** en particular las que estén sometidas a factores externos, conforme a su normativa específica o, si no existe, conforme a los procedimientos establecidos por personal competente. Deberá dejarse constancia documental de las revisiones y el mantenimiento realizado.

– Por último, **las instalaciones y aparatos a presión, y el almacenamiento y distribución de combustible, y sus instalaciones**, se ajustarán a su normativa específica, si bien su reparación y mantenimiento deberá llevarse a cabo por entidades instaladoras autorizadas.

7.3.4. Manipulación de cargas

El **Real Decreto 487/1997, de 14 de abril,** se ha destinado a regular en exclusiva las disposiciones mínimas de seguridad y salud derivadas de la manipulación de cargas que entrañe riesgos para los trabajadores, en especial riesgos **dorsolumbares.** Y la **«Guía para la evaluación y prevención de los riesgos relativos a la manipulación manual de cargas»,** dictada en función de aquel, proporciona criterios y recomendaciones para su interpretación y aplicación, siendo aplicables al sector de la construcción.

En este apartado deberá prestarse especial atención a **la formación e información de los trabajadores, vigilancia de la salud y a la evaluación y prevención de riesgos por manipulación de cargas.**

CUESTIÓN

¿Cómo se regulan los reconocimientos médicos en el convenio general del sector de la construcción?

Sin perjuicio de cuantas obligaciones y criterios se establecen en esta materia por el art. 22 de la LPRL, el art. 20 del convenio colectivo general del sector de la construcción establece la obligación empresarial de garantizar a los trabajadores a su servicio la vigilancia de su estado de salud en función de los riesgos inherentes al puesto de trabajo, tanto en el momento previo a la admisión como con carácter periódico.

Los reconocimientos periódicos posteriores al de admisión serán de libre aceptación para el trabajador, si bien, a requerimiento de la empresa, deberá firmar la no aceptación cuando no desee someterse a dichos reconocimientos. No obstante, previo informe de la representación de los trabajadores, la empresa podrá establecer el carácter obligatorio del reconocimiento en los supuestos en que sea imprescindible para evaluar los efectos de las condiciones de trabajo sobre la salud de los trabajadores o para verificar si el estado de salud del trabajador puede constituir un peligro para el mismo, para los demás trabajadores o para otras personas relacionadas con la empresa. En particular, la vigilancia de la salud será obligatoria en todos aquellos trabajos de construcción en que existan riesgos por exposición al amianto, en los términos previstos en el Real Decreto 396/2006, de 31 de marzo, por el que se establecen las Disposiciones mínimas de seguridad y salud aplicables a los trabajos con riesgo de exposición al amianto.

En ningún caso los costes de estos reconocimientos médicos podrán ser a cargo del trabajador y en los periódicos, además, los gastos de desplazamiento originados por los mismos serán a cargo de la respectiva empresa, quién podrá concertar dichos reconocimientos con entidades que cuenten con personal sanitario con competencia técnica, formación y capacidad acreditada.

DOCUMENTOS DE INTERÉS

- Guía técnica para la evaluación y prevención de los riesgos a la manipulación manual de cargas. INSST. Año 2009.

- Riesgos asociados a la manipulación manual de cargas en el lugar de trabajo. Agencia Europea para la Seguridad y la Salud en el Trabajo.

- Manipulación manual de cargas. Ecuación NIOSH. INSST.

- Manipulación manual de cargas. Tablas de Snook y Ciriello. Norma ISO 11228. INSST.

- Metodología de evaluación. Posturas de trabajo. INSST («Checklist para la identificación de las posturas de trabajo forzadas basado en las normas UNE-EN 1005-4:2005+A1:2009 e ISO 11226:200»).

- Metodología de evaluación. Trabajos repetitivos. INSST («Tareas repetitivas I: Identificación de los factores de riesgo para la extremidad superior I»; «Tareas repetitivas II: Evaluación de los factores de riesgo para la extremidad superior II»).

- Evaluación de factores de riesgo laboral relacionados con los trastornos musculoesqueléticos. Documento elaborado por el Grupo de trabajo sobre TME de la CNSST. INSST.

- NTP 477: Levantamiento manual de cargas: ecuación del NIOSH. INSST. Año 1998.

- NTP 177: La carga física de trabajo: definición y evaluación. INSST. Año 1986.

- NTP 452: Evaluación de las condiciones de trabajo: carga postural. INSST. Año 1995.

- UNE-EN ISO 6385:2016. Principios ergonómicos para el diseño de sistemas de trabajo. (ISO 6385:2016).

> – UNE-EN ISO 7250-1:2017. Definiciones de las medidas básicas del cuerpo huma-
> no para el diseño tecnológico. Parte 1: Definiciones de las medidas del cuerpo y
> referencias (ISO 7250-1:2017).

7.3.5. Maquinaria, herramientas y vehículos

Conforme establece el anexo IV del Real Decreto 1627/1997, de 18 de julio, los vehículos, maquinaria, instalaciones y equipos se incardinan en las obras de construcción en el exterior de los locales. Concretamente en dos apartados: los vehículos y maquinaria para movimiento de tierras y manipulación de materiales, y las instalaciones, máquinas y equipos:

– **Vehículos y maquinaria para movimiento de tierras y manipulación de materiales:** se refiere a máquinas como tractores, cargadoras, retroexcavadoras, tuneladoras, dumpers, carretillas automotoras o manipuladoras telescópicas, a las que se aplica el Real Decreto 1644/2008, de 10 de octubre, sobre máquinas, en cuanto a su comercialización, como el Real Decreto 1215/1997, de 18 de julio, sobre equipos de trabajo, en cuanto a su utilización, y el VII convenio colectivo general del sector de la construcción. Teniendo en cuenta las normas técnicas: UNE 115441:2005, UNE-EN 474-1:2022, UNE-EN 16191:2015, UNE-EN 12111:2014, UNE-EN-ISO 2867:2012, UNE-EN-ISO 3411:2008, UNE-EN ISO 3457:2008 y UNE-EN-ISO 6683:2008.

– **Instalaciones, máquinas y equipos:** se incluyen aquí los equipos y máquinas no tratados en el apartado anterior, excluidas las instalaciones de distribución de energía (por ejemplo: plantas de machaqueo y clasificación de áridos; plantas asfálticas y de hormigón; estación de lodos bentoníticos; instalaciones de ventilación, etc.; máquinas y equipos como son sierras circulares, compresores, martillos y pistolas neumáticas, equipos de soldadura, etc.).

> **A TENER EN CUENTA.** El Reglamento (UE) 2023/1230 del Parlamento Europeo y del Consejo, de 14 de junio de 2023, relativo a las máquinas (versión revisada de la vigente Directiva 2006/42/CE), entró en vigor el pasado 19 de julio de 2023 y será aplicable (con salvedades) a partir del 20 de enero de 2027. Todas las normas técnicas asociadas a la Directiva 2006/42/CE tendrán que ser revisadas a fin de garantizar la aplicación del nuevo Reglamento de máquinas. (Vademécum Prevención de Riesgos Laborales. Editorial Colex).

8.
PROTECCIÓN COLECTIVA E INDIVIDUAL EN EL SECTOR DE LA CONSTRUCCIÓN

La protección colectiva es la técnica que nos protege frente a los riesgos que no se han podido evitar o reducir y actúa indistintamente sobre todas las personas que se benefician de ella.

8.1. Prioridad de la protección colectiva en materia de PRL

Como hemos adelantado, la protección colectiva es la técnica que nos protege frente a los riesgos que no se han podido evitar o reducir y actúa indistintamente sobre todas las personas que se benefician de ella.

Por su parte, el art. 15.1.h) de la LPRL, con rúbrica «Principios de la acción preventiva», indica el deber empresarial de adoptar medidas que antepongan la protección colectiva a la individual.

RIESGOS LABORALES QUE NO PUEDEN EVITARSE O REDUCIRSE

| PROTECCIÓN COLECTIVA | Equipos de protección colectiva → | Redes, andamios, barandillas, campanas extractoras, etcétera. |

Cuando sea insuficiente

| PROTECCIÓN INDIVIDUAL | Equipos de protección individual → | Arnés, casco, mascarilla, etcétera. |

Las técnicas que poseemos para evitar, reducir o controlar los riesgos pasan por establecer unas buenas medidas de prevención en las empresas, encaminadas a hacer descender las tasas de siniestralidad. Para ello, el empresario cuenta con sistemas de protección tanto colectiva como individual.

Hay que tener presente, en todo momento, la anteposición de medidas de protección colectiva sobre las de protección individual, por tanto, será preferible y aconsejable establecer un buen sistema de protección colectiva dentro de los centros de trabajo, dejando para casos extremos el uso de los EPI, teniendo en cuenta que su uso será obligatorio en caso de no haber controlado el riesgo por medio de la ya mencionada protección colectiva.

En este sentido, la sentencia del Tribunal Superior de Justicia de Cantabria n.º 509/2002, de 16 de abril, ECLI:ES:TSJCANT:2002:727 dispone que «La posición de garante de la seguridad del trabajador a su servicio obliga a la empresa a impedir, a través del deber de vigilancia, la presencia del riesgo o elementos motivadores del accidente».

En consecuencia de todo ello, dentro de la Ley de Prevención de Riesgos Laborales se distinguen, como hemos comentado, dos conceptos de protección: las protecciones colectivas y las individuales.

Las protecciones colectivas

Por protección colectiva hemos de entender aquella técnica de seguridad cuyo objetivo es la protección simultánea de varios trabajadores expuestos a un determinado riesgo. En este línea, destacan las barandillas, las redes de seguridad, los resguardos y dispositivos de protección, los interruptores diferenciales, la ventilación general y extracción localizada y los encerramientos.

Las protecciones individuales

El Real Decreto 773/1997, de 30 de mayo, sobre disposiciones mínimas de seguridad y salud relativas a la utilización por los trabajadores de equipos de protección individual, establece, en el marco de la LPRL, las disposiciones mínimas de seguridad y salud para la elección, utilización por los trabajadores en el trabajo y mantenimiento de los equipos de protección individual.

Entre las medidas mínimas que deben adoptarse para la adecuada protección de los trabajadores se encuentran las destinadas a garantizar la utilización por los trabajadores en el trabajo de equipos de protección individual (EPI) que los protejan adecuadamente de aquellos riesgos para su salud o su seguridad que no puedan evitarse o limitarse suficientemente mediante la utilización de medios de protección colectiva o la adopción de medidas de organización del trabajo.

En esta línea, tal y como define el citado real decreto en su art. 2.1, «se entenderá por "equipo de protección individual", cualquier equipo destinado a ser llevado o sujetado por el trabajador para que le proteja de uno o varios riesgos que puedan amenazar su seguridad o su salud, así como cualquier complemento o accesorio destinado a tal fin». Es decir, su misión no es la de eliminar el riesgo de accidente, sino reducir o eliminar las consecuencias personales o lesiones que este pueda producir en el trabajador.

En consecuencia, hemos de tener en cuenta la información analizada sobre las siguientes cuestiones:

- Selección, utilización y mantenimiento de los equipos de protección individual (EPI).
- Obligaciones en materia de información y formación en relación a los equipos de protección individual (EPI).
- Entrega a la persona trabajadora de los equipos de protección individual (EPI).
- Clasificación de los equipos de protección individual (EPI).

8.2. Nociones básicas sobre los sistemas de protección colectiva en el sector de la construcción

Protección colectiva es la técnica de seguridad cuyo objetivo es la protección simultánea de varios trabajadores expuestos a un determinado riesgo. Analizamos los principales sistemas utilizados en el sector de la construcción.

8.2.1. Sistemas provisionales de protección de borde (SPPB) o barandillas

Los sistemas provisionales de protección de borde (SPPB), tradicionalmente conocidos como barandillas, son elementos de seguridad destinados, provisionalmente, a proteger a las personas contra las caídas a un nivel inferior y retener materiales.

La regulación normativa de estos sistemas se encuentra contenida en la *«Norma UNE-EN 13374:2013+A1:2019. Sistemas provisionales de protección de borde. Especificaciones del producto. Métodos de ensayo»*, el Real Decreto 1627/1997, de 24 de octubre, por el que se establecen disposiciones mínimas de seguridad y de salud en las obras de construcción, el Convenio colectivo general del sector de la construcción (en adelante, CCGSC) y Real Decreto 1801/2003, de 26 de diciembre, sobre seguridad general de los productos.

Dentro del **sector de la construcción** existen diversas situaciones de riesgo de caídas de personas y objetos a distinto nivel. Ante esta necesidad de protección de los bordes en las obras, el propio CCGSC realiza las siguientes especificaciones en relación los sistemas provisionales de protección de borde:

- Los trabajos en altura solo podrán efectuarse, en principio, con la ayuda de equipos concebidos para tal fin o utilizando dispositivos de protección colectiva, tales como barandillas, plataformas o redes de seguridad. Si por la naturaleza del trabajo ello no fuera posible, deberá disponerse de medios de acceso seguros y utilizarse sistemas anticaídas u otros medios de protección equivalente (art. 168.2 del CCGSC).

– Cuando exista un riesgo de caída de altura de más de 2 metros, los andamios deberán disponer de barandillas o de cualquier otro sistema de protección colectiva que proporcione una seguridad equivalente. Las barandillas deberán ser resistentes, de una altura mínima de 90 centímetros y de una protección intermedia y de un rodapié. Resultan aconsejables las barandillas de 1 metro de altura [art. 175.2.e) del CCGSC].

– Con respecto a la comercialización de estos sistemas, y de acuerdo con lo dispuesto en el Real Decreto 1801/2003, de 26 de diciembre, sobre seguridad general de los productos, se considera que una protección de borde es segura cuando cumpla las disposiciones normativas de obligado cumplimiento que fijen los requisitos de seguridad y salud (art. 187.1 del CCGSC).

– En los aspectos de dichas disposiciones normativas regulados por normas técnicas que sean transposición de una norma europea armonizada, se presumirá que también un sistema provisional de protección de borde es seguro cuando sea conforme a tales normas (art. 187.2 del CCGSC).

– Cuando no exista disposición normativa de obligado cumplimiento aplicable, o esta no cubra todos los riesgos o categorías de riesgos del sistema provisional de protección de borde, para evaluar su seguridad garantizando siempre el nivel de seguridad, se tendrán en cuenta los siguientes elementos (art. 181.3 del CCGSC):

  • Normas técnicas nacionales que sean transposición de normas europeas no armonizadas.

  • Normas UNE.

  • Códigos de buenas prácticas.

  • Estado actual de los conocimientos y de la técnica.

Siguiendo con el sector de la construcción, el **Real Decreto 1627/1997, de 24 de octubre**, en su anexo IV, parte C.3, versa sobre las caídas de altura lo siguiente:

– Las plataformas, andamios y pasarelas, así como los desniveles, huecos y aberturas existentes en los pisos de las obras, que supongan para los trabajadores un riesgo de caída de altura superior a 2 metros, se protegerán mediante barandillas u otro sistema de protección colectiva de seguridad equivalente. Las barandillas serán resistentes, tendrán una altura mínima de 90 centímetros y dispondrán de un reborde de protección, un pasamanos y una protección intermedia que impidan el paso o deslizamiento de los trabajadores.

– Los trabajos en altura solo podrán efectuarse, en principio, con la ayuda de equipos concebidos para tal fin o utilizando dispositivos de protección colectiva, tales como barandillas, plataformas o redes de seguridad. Si por la naturaleza del trabajo ello no fuera posible, deberá disponerse de medios de acceso seguros y utilizar cinturones de seguridad con anclaje u otros medios de protección equivalente.

- La estabilidad y solidez de los elementos de soporte y el buen estado de los medios de protección deberán verificarse previamente a su uso, posteriormente de forma periódica y cada vez que sus condiciones de seguridad puedan resultar afectadas por una modificación, período de no utilización o cualquier otra circunstancia.

Entrando ya en las normas de seguridad del producto, hay que tener en cuenta el art. 198 del CCGSC, sobre normas específicas para plataformas elevadoras móviles de personal (PEMP), así como el Real Decreto 1801/2003, de 26 de diciembre, donde se establecen las normas UNE como parámetros a seguir en este caso (art. 3). Esto nos lleva a contemplar la **UNE-EN 13374:2013+A1:2019, sobre sistemas provisionales de protección de borde. Especificaciones del producto. Métodos de ensayo.**

La UNE-EN 13374:2013+A1:2019 ofrece las siguientes definiciones:

- **Sistema de protección de borde**: conjunto de componentes destinados a proteger a las personas contra caídas a un nivel inferior y al mismo tiempo retener posibles caídas de materiales a niveles inferiores.

- **Barandilla principal**: larguero o elemento continuo que forma la parte superior del sistema de protección de borde. Debe tener una altura mínima medida perpendicularmente a la superficie de trabajo de 1 m.

- **Barandilla intermedia**: larguero que va situado entre la barandilla principal y la superficie de trabajo. Si se dispone de barandilla intermedia, cualquier apertura no debe dejar pasar una esfera de más de 470 mm de diámetro.

- **Protección intermedia**: barrera de protección formada entre la barandilla y la superficie de trabajo.

- **Plinto o rodapié**: elemento vertical específicamente previsto para prevenir la caída o deslizamiento de materiales o personas fuera de una superficie. Su altura mínima debe ser, al menos, de 150 mm y no debe dejar pasar una esfera de 20 mm entre la superficie de trabajo y este elemento.

Los materiales empleados para la fabricación de los sistemas de protección de borde deben satisfacer las normas europeas y podrán emplearse aceros, aluminio, madera, los destinados a redes de seguridad, etc. A modo de resumen, las barandillas más usadas en la industria de la construcción, atendiendo a circunstancias tales como la resistencia, el tipo de cargas dinámicas y estáticas a soportar y el tipo de caídas a proteger (UNE-EN 13374:2013+A1:2019):

- **Clase A.** La protección clase A proporciona resistencia solo para cargas estáticas, basada en los requisitos siguientes:

  • Soporte para una persona que se apoye o para sujetar su mano cuando camina (resistencia para caídas estáticas).

  • Detener a una persona que camina o cae en la dirección de la protección.

- Si no hay barandilla intermedia o esta no es continua, como, por ejemplo, red de seguridad y mallazo, no debe permitir el paso de una esfera de 250 mm.

- Hasta 10 ° de inclinación de la superficie de trabajo, sin límite de altura de caída.

- Composición: barandilla principal (1 m de altura), barandilla intermedia (una esfera de 47 cm no debe pasar a través de la protección; o, red de protección intermedia Tipo U sin que pase a través de la protección una esfera de 25 cm) y plinto o rodapié (no menor de 15 cm).

– **Clase B.** La protección clase B proporciona resistencia solo para cargas estáticas y dinámicas débiles, basada en los siguientes requisitos:

- Soporte para una persona que se apoye o para sujetar su mano cuando camina.

- Detener a una persona que camina o cae en la dirección de la protección.

- Detener la caída de una persona que se desliza por una superficie inclinada.

- Cualquier apertura debe impedir el paso de una esfera de 250 mm de diámetro.

- Válidos para trabajos:

    » Hasta 30 ° de inclinación de la superficie de trabajo, sin límite de altura de caída.

    » De 30 ° a 60 ° de inclinación de la superficie de trabajo, con límite de altura de caída de 2 m.

- Composición: Barandilla principal (1 m de altura), barandilla intermedia (de protección integral; o, red de protección intermedia Tipo U, sin que pueda ser atravesada por una esfera de 25 cm) y plinto o rodapié (no menor de 15 cm).

– **Clase C.** Proporciona resistencia para fuerzas dinámicas elevadas cuando resbala una persona por una fuerte pendiente. La protección clase C proporciona resistencia para fuerzas dinámicas elevadas:

- Detener la caída de una persona que se resbala por una superficie de fuerte pendiente.

- Cualquier apertura debe impedir el paso de una esfera de 100 mm de diámetro.

- Válidos para trabajos:

    » De 30 ° a 60 ° de inclinación de la superficie de trabajo, con límite de altura de caída de 2 m.

    » Entre 45 ° y 60 ° de inclinación de la superficie de trabajo, con límite de altura de caída 5 m.

- Composición: barandilla principal (1 m de altura), barandilla intermedia (de protección integral; o, red de protección intermedia Tipo U, sin que pueda ser atravesada por una esfera de 10 cm) y plinto o rodapié (no menor de 15 cm).

Por último, **existirán diferentes sistemas de montantes** (elemento vertical que permite el anclaje del conjunto guardacuerpo al borde de la abertura a proteger en el que se fijan la barandilla, el listón intermedio y el plinto). Los distintos sistemas de protección de borde pueden ser fijados de distinta forma, destacando:

a) **Montante incorporable al forjado:** básicamente consiste en introducir en el hormigón del forjado, cuando se está hormigonando, un cartucho en el cual se introducirá luego el montante soporte de la barandilla. Este cartucho podrá ser de cualquier material, ya que su única misión es servir de encofrado para dejar un agujero en el hormigón para introducir el montante. El cartucho se deberá tapar mientras no se coloque el montante, para que no se tapone de suciedad. Las dimensiones de dicho agujero serán ligeramente mayores que el montante para que se pueda introducir fácilmente y, si existe mucha holgura, una vez introducido se afianzará con cunas.

b) **Montante de tipo puntal:** el montante es un puntal metálico, en el cual no se pueden clavar las maderas de la barandilla. Si la barandilla es metálica y se ata al puntal con alambres o cuerdas, existe el peligro de deslizamiento, con lo que perdería todo su efecto de protección. Hay diversos tipos de soportes para barandilla, acoplable a puntales metálicos.

c) **Montantes tipo «sargento»:** el montante es de tubo cuadrado y se sujeta en forma de pinza al forjado. La anchura de esta pinza es graduable, de acuerdo con el espesor del forjado. En el mismo van colgados unos soportes donde se apoyan los diferentes elementos de la barandilla.

Las variantes pueden ser muchas siempre que cumplan los requisitos anteriormente descritos.

DOCUMENTACIÓN DE INTERÉS
- Norma UNE-EN 13374:2013+A1:2019. Sistemas provisionales de protección de borde. Especificaciones del producto. Métodos de ensayo.
- VII Convenio colectivo general del sector de la construcción (CCGSC).
- NTP 1070: Cimbras elementos prefabricados (II): Cimbras elementos prefabricados (II): Montaje y utilización. INSST. Año: 2016.
- NTP 1069: Cimbras elementos prefabricados (I): Cimbras elementos prefabricados (I): Normas constructivas. INSST. Año: 2016.
- NTP 803: Encofrado horizontal: protecciones colectivas (I) . INSST. Año 2008.
- NTP 804: Encofrado horizontal: protecciones colectivas (II) . INSST. Año 2008.
- NTP 834: Encofrado vertical. Muros a dos caras, pilares, muros a una cara (I). INSST. Año: 2009.
- NTP 1160: Escalas fijas de servicio (I). INSST. Año: 2021.
- NTP 1015: Andamios tubulares de componentes prefabricados (I): normas constructivas. INSST. Año: 2014.
- NTP 123: Barandillas. INSST. Año 1985. (Válida).

8.2.2. Redes de seguridad

El Real Decreto 1627/1997, de 24 de octubre, contempla entre otros sistemas de protección colectiva frente a las caídas de altura, la utilización de redes de seguridad.

Las redes de seguridad son protecciones colectivas que sirven para evitar o limitar la caída de altura de personas u objetos. Se sujetan mediante una cuerda perimetral u otros elementos de sujeción o una combinación de ambos. En la elección y utilización de las redes de seguridad, siempre que sea técnicamente posible por el tipo de trabajos que se ejecuten, se dará prioridad a las redes que evitan la caída frente a las que solo limitan o atenúan dicha caída.

Por su parte, los arts. 187 y ss. del convenio colectivo del sector de la construcción establecen normas específicas para redes de seguridad y requisitos para la utilización de redes de seguridad.

1. Requisitos para la utilización de redes de seguridad (art. 184 CCGSC)

– En la elección y utilización de las redes de seguridad, siempre que sea técnicamente posible por el tipo de trabajos que se ejecuten, se dará prioridad a las redes que evitan la caída frente a aquellas que solo limitan o atenúan las posibles consecuencias de dichas caídas.

– Con independencia de la obligatoriedad de cumplir las normas técnicas previstas para cada tipo de red, estas solo se deberán instalar y utilizar conforme a las instrucciones previstas, en cada caso, por el fabricante, se estudiará, con carácter previo a su montaje, el tipo de red más adecuado frente al riesgo de caída de altura en función del trabajo que vaya a ejecutarse.

– El montaje y desmontaje sucesivos será realizado por personal formado e informado.

– La estabilidad y solidez de los elementos de soporte y el buen estado de las redes deberán verificarse previamente a su uso, posteriormente de forma periódica, y cada vez que sus condiciones de seguridad puedan resultar afectadas por una modificación, período de no utilización o cualquier otra circunstancia.

– Se almacenarán en lugares secos.

– Una vez retiradas las redes deberán reponerse los sistemas provisionales de protección de borde.

Como normas generales de seguridad con este tipo de sistemas se contemplarán los aspectos siguientes (Norma UNE-EN 1263-1:2018)

– No permanecer bajo cargas suspendidas.

– No pasar por encima de acopio de materiales.

– Utilizar siempre accesos debidamente acondicionados y habilitados por la obra.

- Las herramientas manuales alimentadas eléctricamente dispondrán de clavija de conexión con toma a tierra. En el caso de herramientas con doble aislamiento, las clavijas serán sin toma a tierra.

- Los operarios montadores de las redes deberán tener los conocimientos necesarios para operar con los elementos auxiliares de elevación.

> **A TENER EN CUENTA.** Las redes de seguridad deben estar certificadas por el fabricante conforme a la normativa europea de normalización (UNE-EN 1263-1:2018).

2. Tipos de redes de seguridad

Siguiendo la «*UNE-EN 1263-1:2018. Equipamiento para trabajos temporales de obra. Redes de seguridad. Parte 1: Requisitos de seguridad y métodos de ensayo*», y la «*NTP 804: Encofrado horizontal: protecciones colectivas (II). INSST. Año: 2008*», «*NTP 803. Encofrado horizontal: Protecciones colectivas (I). INSST. Año: 2008*»; y la «*NTP 816: Encofrado horizontal: Protecciones individuales contra caídas en altura. INSST. Año: 2008*», podemos destacar los siguientes sistemas de redes de seguridad:

A) Sistema S: red de seguridad con cuerda perimetral

La norma UNE-EN 1263-1:2018, describe el Sistema S como una red con cuerda perimetral de uso horizontal para la protección de caídas a distinto nivel de los trabajadores. Por su versatilidad, puede ser utilizado en diferentes tipos de construcciones, como estructuras metálicas, de madera, prefabricados de hormigón, puentes, viaductos, etc. Se recomienda en cubiertas de naves industriales, en trabajos de viaductos, etc., cuando exista riesgo de caída a diferente nivel.

Este sistema está diseñado para su utilización horizontal, uniéndose directamente a los elementos estructurales definitivos a través de cuerdas y puntos resistentes, y que permite cubrir el riesgo de caída, para importantes superficies de trabajo horizontales (≥35m2).

Dimensión de la red: está delimitada por su cuerda perimetral. Por las características de las obras y/o soluciones en las que se emplea el Sistema S de redes de seguridad, lo más habitual es usar redes a medida, para su mejor adaptación a la obra. El prever anticipadamente las dimensiones de las redes necesarias, dan una adaptación óptima, y facilitan su disposición en obra con tiempo. La cuerda perimetral será de denominación K, conforme a lo definido en la norma UNE-EN 1263-1:2018, y tendrá una resistencia mínima a la tracción de 30 KN.

Los componentes del sistema S son elementos sirven para asegurar, sujetar y unir redes de seguridad, una vez presentadas en su ubicación definitiva:

- **Cuerda de atado:** su finalidad es sustentar la red en la zona de la obra donde se necesita. Sus denominaciones, según lo definido en la norma, serán:
  - L: cuerda de atado con gaza, con una resistencia mínima a la tracción de 30 KN si la red se sujeta con una cuerda con un ramal de carga.

- M: cuerda de atado sin gaza, con una resistencia mínima a la tracción de 30 KN si la red se sujeta con una cuerda con un ramal de carga.

- R: cuerda de atado con gaza, con una resistencia mínima a la tracción de 15 KN si la red se sujeta con una cuerda con doble ramal de carga.

- Z: cuerda de atado sin gaza, con una resistencia mínima a la tracción de 15 KN si la red se sujeta con una cuerda con doble ramal de carga.

- **Cuerda de unión:** su finalidad es unir redes de seguridad entre sí. Su denominación, según lo establecido en la norma, será:

  - N: cuerda de unión con gaza con una resistencia mínima a la rotura de 7,5 KN.

  - O: cuerda de unión sin gaza con una resistencia mínima a la rotura de 7,5 KN.

- **Cables de acero con dispositivos de enganche y tensado:** salvo que se proceda a un cálculo especial, según las necesidades de un montaje particular, se seguirá, como referencia, la Norma UNE-EN 795:2012 (cable de 10 mm y 180 kg/mm2). En este caso, será necesario disponer, en la estructura del edificio, los anclajes necesarios para los ganchos extremos del cable y del dispositivo tensor. Habrá pues que calcular las características de resistencia de estos anclajes especiales.

- **Mosquetones:** en el mercado se dispone de una variedad de modelos. Según las características del modelo elegido se determinará el número necesario de estos para unir las cuerdas perimetrales a los cables metálicos. No obstante, con el fin de conseguir una buena unión entre red y cable, se recomienda que la separación entre mosquetones sea inferior a 1 metro.

B) Sistema T: red de seguridad sujeta a consolas para la utilización horizontal

Es un sistema compuesto por un conjunto de redes horizontales solapadas entre sí y apoyadas sobre unos largueros. Estos se acoplan a unos soportes metálicos tipo mordaza que a su vez se anclan a la estructura del edificio.

Los componentes del sistema T se relacionan a continuación [«*NTP 804: Encofrado horizontal: protecciones colectivas (II). INSST. Año: 2008*»]:

a) **Paño de red.**

b) **Cuerda de atado:** sirve para atar la gaza de la esquina de la red a la patilla de los largueros.

c) **Cuerda de unión o solapado:** sirve para atar varias redes. No deben dejarse sin sujetar distancias superiores a 100 mm.

d) **Largueros:** son tubos metálicos por los que se introduce la red malla a malla. Están constituidos por materiales flexibles apropiados para obtener una deformación plástica óptima, formando, junto a la red, una bolsa de recogida. Hay dos tipos de largueros, los superiores que van enganchados al brazo del soporte mediante un agarre con seguro y los inferiores que van anclados al soporte y provistos de un seguro.

e) **Soporte:** elemento metálico al que se acoplan los largueros. La base ejerce la fuerza sobre el forjado en el caso de recibir un impacto y la mordaza que es el conjunto de elementos metálicos (husillo, seguros, etcétera) que se fijan al suelo mediante dos tacos metálicos (tras haber taladrado el suelo convenientemente) y el husillo se ajusta al borde del forjado. Dispone también de un seguro para el larguero inferior en su parte central y de un punto para fijar el brazo en su parte inferior.

Este tipo de red tiene **dos aplicaciones** según la posición:

a) **Vertical:** evita la caída de materiales al exterior. Para conseguir esta posición hay que instalar el fijador que une el brazo con el soporte. En este caso, se comporta como red Tipo U detallada en otro apartado específico de este documento.

b) **Horizontal:** la red tiene una inclinación aproximada de 10 ° en relación con la horizontal en dirección hacia el interior de la obra. Con un voladizo de 3 m. resiste una altura de caída de 6 m. Este tipo de red (al no cumplir con las condiciones de rigidez exigidas a las barandillas en el Real Decreto 86/1997, de 14 de abril, por el que se establecen las Disposiciones Mínimas de Seguridad y Salud en los lugares de trabajo) no evita la caída de personas por lo que debe ir complementada con barandillas de protección [«*NTP 803. Encofrado horizontal: protecciones colectivas (I). INSST. Año: 2008*»].

Como normas generales de seguridad con este tipo de sistemas se contemplarán los aspectos siguientes:

– Debe montarse lo más cerca posible del nivel de la superficie de trabajo.

– En cualquier caso, los brazos con la red deben mantener un desnivel del 10 % respecto a la prolongación del forjado.

– Este sistema no es aplicable para proteger el primer forjado debido a que para la fijación del soporte al mismo es necesario que este fraguado.

C) Sistema U: red de seguridad sujeta a una estructura soporte para su utilización vertical

Es un sistema provisional de protección de borde con un mástil de soporte anclado a un punto de anclaje embutido en el forjado.

Los componentes del sistema U se relacionan a continuación:

a) **Red:** conexión de mallas.

b) **Red de seguridad:** red con una cuerda perimetral. Deberán cumplir con las normas UNE-EN 1263-1 y UNE-EN 1263-2. Deben ser del tipo A2 y, por tanto, su energía mínima de rotura será $E_A = 2,3$ kJ y el ancho mínimo de malla $l_M = 100$ mm.

c) **Cuerda de malla:** cuerda con la que están fabricadas las mallas de una red. corrosión. Las dimensiones más adecuadas son: altura comprendida entre 5 y 6 m y tubo de sección cuadrada de 6 x 6 cm o 6,5 x 6,5 cm.

d) **Ganchos de sujeción:** elementos para fijar la cuerda perimetral de la red de seguridad al forjado inferior. Normalmente se fabrican con redondo de acero corrugado de 8 mm de Ø.

e) **Cuerda perimetral:** cuerda que pasa a través de cada una de las mallas de los bordes de una red y cuya resistencia a la tracción debe ser ≥ 20 kN.

f) **Cuerda de atado:** cuerda utilizada para atar la cuerda perimetral a un soporte adecuado. Deberá tener una resistencia a la tracción ≥ 20 kN, si la red se ata a una sola cuerda y ≥ 10 kN, si la red se ata con doble cuerda.

g) **Cuerda de unión:** cuerda utilizada para unir varias redes entre sí. Debe tener una resistencia mínima a la tracción de 7,5 kN.

h) **Cuerda de ensayo o ensayo:** es un tramo separado de la cuerda de malla que es alojada en la red de seguridad para determinar el deterioro debido al envejecimiento y que puede ser retirada sin alterar las prestaciones de la red.

i) **Misil de red:** estructura metálica que soporta la red de seguridad a 90.ª. Consta de dos tramos, de 3 m de longitud. Suele estar construida en tubo de acero de 3 mm de espesor y con sección protegida anticorrosión. Las dimensiones más adecuadas son: altura comprendida entre 5 y 6 m y tubo de sección cuadrada de 6 x 6 cm o 6,5 x 6,5 cm.

j) **Ganchos de sujeción:** elementos para fijar la cuerda perimetral de la red de seguridad al forjado inferior. Normalmente se fabrican con redondo de acero corrugado de 8 mm de Ø.

D) Sistema V: red de seguridad con cuerda perimetral sujeta a un soporte tipo horca exponemos los sistemas V, T y U, que son los adecuados para la protección en el encofrado horizontal

Es un sistema constituido por la red clasificada como tipo «V» con un soporte tipo horca anclado o embutido en el forjado. Este tipo de red no evita la caída de personas por lo que debe ir complementada con barandillas de protección [«*NTP 803. Encofrado horizontal: protecciones colectivas (I). INSST. Año: 2008*»].

Los componentes de este tipo de sistema son:

a) **Red:** conexión de mallas.

b) **Red de seguridad:** red con una cuerda perimetral. Deberán cumplir con las normas UNE-EN 1263-1 y UNE-EN 1263-2. Deben ser del tipo A2 y, por tanto, su energía mínima de rotura será $E_A = 2,3$ kJ y el ancho mínimo de malla $I_M = 100$ mm.

c) **Cuerda de malla:** cuerda con la que están fabricadas las mallas de una red.

d) **Cuerda perimetral:** cuerda que pasa a través de cada una de las mallas de los bordes de una red y cuya resistencia a la tracción debe ser ≥ 20 kN.

e) **Cuerda de atado:** cuerda utilizada para atar la cuerda perimetral a un soporte adecuado. Deberá tener una resistencia a la tracción ≥ 20 kN, si la red se ata a una sola cuerda y ≥ 10 kN, si la red se ata con doble cuerda.

f) **Cuerda de unión:** cuerda utilizada para unir varias redes entre sí. Debe tener una resistencia mínima a la tracción de 7,5 kN.

g) **Cuerda de ensayo:** es un tramo separado de la cuerda de malla que es alojada en la red de seguridad para determinar el deterioro debido al envejecimiento y que puede ser retirada sin alterar las prestaciones de la red.

h) **Horca:** estructura metálica que soporta la red de seguridad en forma de L invertida. Consta de dos tramos, cabezal y alargadera. Suele estar construida en tubo de acero de 3 mm de espesor y con sección protegida anticorrosión. Las dimensiones más adecuadas son de altura comprendida entre 8 y 9 m y el tubo de sección cuadrada de 6 x 6 o 6,5 x 6,5 cm. El brazo del voladizo debe estar comprendido entre 2 y 4 m.

i) **Ganchos de sujeción:** elementos para fijar la cuerda perimetral de la red de seguridad al forjado inferior. Normalmente se fabrican con redondo de acero corrugado de 8 mm de diámetro.

j) **Omegas:** son los elementos para sujetar las horcas a los forjados. Están fabricados con acero corrugado de 12 mm de Ø.

k) **Pasadores:** son una pieza que se colocan en el orificio inferior de la alargadera de la horca para evitar el desplazamiento vertical de esta. Son de acero corrugado de 10 mm de diámetro y de una longitud de 25 cm aproximadamente.

E) Otros tipos de redes

Redes de seguridad para cierre vertical de fachadas: se pueden utilizar para la protección en fachadas, tanto exteriores como las que dan a grandes patios interiores. Van sujetas a unos soportes verticales o al forjado.

Redes horizontales bajo forjado: sus requisitos técnicos, métodos de evaluación, información en el manual de instrucciones del fabricante, condiciones de marcado y etiquetado, y requisitos mínimos de instalación, vienen contemplados en la Norma UNE 81652:2013. Su fin es el de cubrir el riesgo de caída durante el proceso e instalación de los paneles y tableros que integran los sistemas de encofrado horizontal. Este tipo de redes pueden ser:

a) **Redes horizontales bajo forjado Fungibles (sistema A):** también denominado desechable, es un sistema de red de seguridad instalado en posición horizontal y de forma continua a partir de la cabeza de los pilares por encima de toda la estructura que conforma el mecano de encofrado. La fijación de la red a la citada estructura se realiza mediante la compresión de esta entre los tableros y los elementos longitudinales y transversales del mecano, aprovechando la propia operación de colocación de dichos tableros.

b) **Redes horizontales bajo forjado Reutilizables (sistema B):** es un sistema compuesto por una red de seguridad con cuerda perimetral unida a la propia estructura del mecano horizontal de encofrado (zona superior de los puntales telescópicos regulables, cabezales recuperables o de asiento y elementos longitudinales) a través de anclajes y elementos resistentes, de manera que la instalación quede en la posición más próxima posible a la superficie de colocación de los tableros/paneles de encofrado. Los componentes de este tipo de sistema son:

- **Ganchos de unión de la red al puntal:** es una pieza de acero cuya finalidad es la conexión de la red con el puntal.

- **Ganchos de unión de la red al cabezal recuperable.** De características similares unen la red al cabezal.

Los ganchos pueden ser simples en S (se pasa la cuerda perimetral de la red enlazándolo en sus extremos) o pueden constar de tres partes, el extremo superior, en forma de gancho, que facilita la unión al apuntalamiento aprovechando los orificios de este, la parte central formando un bucle que constituye un anillo por el que queda unida a la superficie de protección y el extremo inferior tiene la función de mango que permite asirla con comodidad, (no todos tienen maneta o mango, los hay con forma de S con cuello de cisne, con S y un extremo achatado).

A TENER EN CUENTA. Siguiendo el art. 8 (marcado y etiquetado) de la norma UNE 81652:2013. Redes de seguridad bajo forjado. Requisitos de Seguridad y métodos de ensayo, las redes de seguridad bajo encofrado de los Sistemas A y B, deben marcarse con la siguiente información:

- Nombre o marca del fabricante, importador, y/o suministrador.

- La designación de la red de seguridad, por ejemplo: UNE 81652-A-Q90-1×10 L.

- El año y mes de fabricación de la red y fecha de caducidad.

- Código de artículo del fabricante.

- Logotipo de la organización independiente que otorga la evaluación de conformidad.

- Pictograma de lectura del manual de instrucciones.

- Identificación de la naturaleza del material textil, con el que se ha fabricado la red de seguridad: polipropileno (PP), poliamida (PA), poliéster (PES), etc.

DOCUMENTACIÓN DE INTERÉS

- NTP 803: Encofrado horizontal: Protecciones colectivas (I). INSST. Año: 2008.

- NTP 804: Encofrado horizontal: protecciones colectivas (II). INSST. Año: 2008.

- NTP 816: Encofrado horizontal: Protecciones individuales contra caídas en altura. INSST. Año: 2008.

- NTP 124: Redes de seguridad. INSST.

- UNE-EN 1263-1:2018. Equipamiento para trabajos temporales de obra. Redes de seguridad. Parte 1: Requisitos de seguridad y métodos de ensayo.

– UNE-EN 795:2012. Equipos de protección individual contra caídas. Dispositivos de anclaje (Ratificada).

– UNE-EN 341:2011. Equipos de protección individual contra caída de altura. Dispositivos de rescate (Ratificada).

– UNE-EN 353-1:2014+A1:2017 (Ratificada). Equipos de protección individual contra caídas de altura. Dispositivos anticaídas deslizantes sobre línea de anclaje. Parte 1: Dispositivos anticaídas deslizantes sobre línea de anclaje rígida.

– UNE-EN 353-2-2002. Equipos de protección individual contra caídas de altura. Parte 2: Dispositivos anticaídas deslizantes sobre línea de anclaje flexible.

– UNE-EN 354:2011. Equipos de protección individual contra caídas. Equipos de amarre.

– UNE-EN 362:2005. Equipos de protección individual contra caídas de altura Conectores.

– UNE-EN 364:1993. Equipos de protección individual contra caídas de altura Métodos de ensayo.

– UNE-EN 365:2005. Equipos de protección individual contra caídas de altura Requisitos generales para las instrucciones de uso, mantenimiento, revisión periódica, reparación, marcado y embalaje.

– UNE-EN 1004-1:2021. Torres móviles de acceso y de trabajo construidas con elementos prefabricados. Parte 1: Materiales, dimensiones, cargas de diseño y requisitos de seguridad y comportamiento.

– UNE 81652:2013. Redes de seguridad bajo forjado. Requisitos de seguridad y métodos de ensayo.

8.2.3. Otros sistemas de protección colectiva utilizados en el sector de la construcción

Sistemas de protección como marquesinas y protección de esperas de ferralla para la seguridad en construcción.

1. Sistemas de protección de esperas de ferralla

Los sistemas de protección de esperas de ferralla son esenciales para prevenir accidentes en el sector de la construcción, cubriendo las puntas de las barras corrugadas expuestas. Aunque no existe una normativa técnica específica, estos sistemas se clasifican en individuales y múltiples, fabricados generalmente en materiales termoplásticos, con posibles refuerzos para mayor resistencia. Es crucial que vengan acompañados de un manual de instrucciones detallado para su correcta instalación y mantenimiento, garantizando así la seguridad y salud en el trabajo.

– **Individuales**: Comúnmente conocidos como setas de protección, se diseñan para cubrir una sola barra con un diámetro de entre 10 y 15 mm. Su estructura incluye una sección cilíndrica que se ajusta al diámetro de la barra, asegurando su fijación. Estos sistemas son predominantemente de materiales termoplásticos, algunos con refuerzos internos para evitar perforaciones.

- **Múltiples**: Diseñados para proteger un grupo de barras en línea, estos sistemas consisten en estructuras lineales, también fabricadas en materiales termoplásticos o madera, con posibles refuerzos para incrementar su resistencia.

Es fundamental que estos sistemas vengan acompañados de un manual de instrucciones que detalle:

- Componentes del sistema.
- Secuencia de montaje, uso y desmontaje seguros.
- Esquemas y planos para el montaje.
- Criterios de almacenamiento, inspección y rechazo de componentes usados.
- Especificaciones de calidad de los materiales.

Del mismo modo, es importante evaluar la conformidad de estos sistemas, considerando:

- Requisitos geométricos y de resistencia.
- Ensayos dinámicos para verificar la seguridad.

2. Marquesina de red

Las marquesinas son sistemas de protección colectiva esenciales en la construcción, diseñadas para prevenir lesiones por caída de objetos desde alturas. Estos sistemas, que pueden ser metálicos o de red, se instalan en fachadas de edificios, puentes, viaductos y otros lugares elevados, protegiendo tanto a trabajadores como a peatones. Aunque no existe una normativa específica, es crucial que las marquesinas cumplan con requisitos de resistencia y seguridad, verificados mediante ensayos.

Existen **dos tipos de marquesinas:**

- **Marquesinas metálicas:** Utilizadas en fachadas de edificios para prevenir la caída de objetos en zonas de paso. Son especialmente útiles en trabajos de rehabilitación y construcción superpuesta.
- **Marquesinas de red:** Comunes en obras civiles como puentes y viaductos, estas marquesinas protegen a los trabajadores y vehículos en circulación de posibles accidentes por caída de materiales.

Las marquesinas deben diseñarse e instalarse considerando:

- Resistencia suficiente para retener objetos caídos.
- Evaluación de la deformación en caso de impacto, especialmente para marquesinas de red.
- Consideración del rebote de objetos en marquesinas rígidas.
- Efectos del viento sobre el sistema.

Es esencial que los fabricantes proporcionen un manual de instrucciones detallado, incluyendo:

- Información gráfica y componentes del sistema.

- Secuencia de montaje, uso y desmontaje seguros.
- Criterios de almacenamiento e inspección.

Aunque no hay normativa específica, los sistemas deben someterse a ensayos para verificar:

- Requisitos geométricos y de resistencia.
- Resistencia dinámica del sistema.

8.3. Nociones básicas sobre los EPI en el sector de la construcción

El Real Decreto 773/1997, de 30 de mayo, establece las disposiciones mínimas de seguridad y de salud para la elección, utilización por los trabajadores en el trabajo y mantenimiento de los equipos de protección individual.

8.3.1. Concepto de equipo de protección individual y construcción

Se entenderá por **equipo de protección individual** «cualquier equipo destinado a ser llevado o sujetado por el trabajador para que le proteja de uno o varios riesgos que puedan amenazar su seguridad o su salud, así como cualquier complemento o accesorio destinado a tal fin» (art. 2 del Real Decreto 773/1997, de 30 de mayo en consonancia con la Directiva 89/656/CEE del Consejo, de 30 de noviembre de 1989).

El anexo II del Real Decreto 773/1997, de 30 de mayo (recientemente modificado por el Real Decreto 1076/2021, de 7 de diciembre) contiene una **lista indicativa y no exhaustiva de los tipos de equipos de protección individual en relación con los riesgos contra los que protegen.**

1. Protectores de la cabeza	Cascos o gorras/pasamontañas/protectores para la cabeza para proteger contra: • Golpes resultantes de caídas o proyecciones de objetos. • Choques contra un obstáculo. • Riesgos mecánicos (perforaciones, abrasiones). • Compresión estática (aplastamiento lateral). • Riesgos térmicos (llamas, calor, frío, sólidos calientes incluidos metales fundidos). • Choque eléctrico. • Riesgos químicos. • Radiación no ionizante (radiación UV, IR, solar o de soldadura). • Redecillas para el pelo contra el riesgo de enredos.

2. Protectores del oído	• Orejeras (por ejemplo, orejeras acopladas a casco, con reducción activa de ruido y con entrada eléctrica de audio). • Tapones para los oídos (por ejemplo, tapones dependientes del nivel y tapones adaptados al usuario).
3. Protectores de los ojos y de la cara	Gafas de montura universal, gafas de montura integral y pantallas faciales (lentes graduadas, si procede) para proteger contra: • Riesgos mecánicos. • Riesgos térmicos. • Radiación no ionizante (radiación UV, IR, solar o de soldadura). • Radiación ionizante. • Aerosoles sólidos y líquidos de agentes químicos y biológicos.
4. Protección de las vías respiratorias	Equipos filtrantes para proteger contra: • Partículas. • Gases. • Partículas y gases. • Aerosoles sólidos o líquidos. • Equipos aislantes, incluyendo aquellos con suministro de aire. • Dispositivos de autorrescate. • Equipos de buceo.
5. Protectores de manos y brazos	Guantes (incluyendo manoplas y protectores de brazos) para proteger contra: • Riesgos mecánicos. • Riesgos térmicos (calor, llamas y frío). • Riesgo eléctrico (antiestáticos, conductores y aislantes). • Riesgos químicos. • Riesgo biológico. • Radiación ionizante y contaminación radiactiva. • Radiación no ionizante (radiación UV, IR, solar o de soldadura). • Riesgos de vibración. • Dediles.

6. Protectores de pies y piernas y protección antideslizante	Calzado (por ejemplo, zapatos, incluyendo en determinadas circunstancias zuecos, botas, que podrían tener puntera para protección de los dedos) para proteger contra: • Riesgos mecánicos. • Riesgo de resbalones. • Riesgos térmicos (calor, llamas y frío). • Riesgo eléctrico (antiestáticos, conductores y aislantes). • Riesgos químicos. • Riesgos de vibración. • Riesgos biológicos. • Protectores de empeine extraíbles contra los riesgos mecánicos. • Rodilleras para proteger contra los riesgos mecánicos. • Polainas para proteger contra los riesgos mecánicos, térmicos y químicos, así como contra riesgos biológicos. • Accesorios (por ejemplo, clavos y crampones).
7. Protectores de la piel	Podría haber cremas y lociones barrera para proteger contra: • Radiación no ionizante (radiación UV, IR, solar o de soldadura). • Radiación ionizante. • Productos químicos. • Riesgos biológicos. • Riesgos térmicos (calor, llamas y frío). **A TENER EN CUENTA.** En determinadas circunstancias, como resultado de la evaluación de riesgos, se podrían utilizar las cremas y/o lociones barrera junto con otros EPI a fin de proteger la piel de los trabajadores frente a los riesgos correspondientes. Tales cremas y lociones se consideran EPI en el marco de la Directiva 89/656/CEE, puesto que este tipo de equipos puede considerarse, en determinadas circunstancias *«complemento o accesorio»* conforme a los términos del artículo 2 de la Directiva 89/656/CEE. Sin embargo, las cremas barrera no se consideran EPI según lo previsto en el artículo 3, punto 1, del Reglamento (UE) 2016/425 del Parlamento Europeo y del Consejo, de 9 de marzo de 2016.

8. Equipos de protección del cuerpo (distintos a los de protección de la piel)	Equipos de protección individual para protegerse de las caídas de altura, por ejemplo dispositivos anticaídas retráctiles, arneses anticaídas, arneses de asiento, cinturones de sujeción (para posicionamiento de trabajo) y retención y equipos de amarre de sujeción (para posicionamiento de trabajo), absorbedores de energía, dispositivos anticaídas deslizantes sobre línea de anclaje, dispositivos de regulación de cuerda, dispositivos de anclaje que no están diseñados para fijarse de manera permanente y que no requieren operaciones de sujeción antes de su uso, conectores, equipos de amarre, arneses de salvamento.
	Ropa de protección, incluyendo protección total del cuerpo (por ejemplo, trajes y monos) y parcial (por ejemplo, polainas, pantalones, chaquetas, chalecos, delantales, rodilleras, capuchas y pasamontañas) contra:
	• Riesgos mecánicos.
	• Riesgos térmicos (calor, llamas y frío).
	• Productos químicos.
	• Riesgos biológicos.
	• Radiación ionizante y contaminación radiactiva.
	• Radiación no ionizante (radiación UV, IR, solar o de soldadura).
	• Riesgo eléctrico (antiestática, conductora y aislante).
	• Enredos y atrapamientos.
	• Chalecos salvavidas para evitar ahogamientos y ayudas a la flotabilidad.
	• EPI para señalar visualmente la presencia del usuario.

A sensu contrario, **se excluyen de la definición contemplada para los EPI** (art. 2 del Real Decreto 773/1997, de 30 de mayo):

- La ropa de trabajo corriente y los uniformes que no estén específicamente destinados a proteger la salud o la integridad física del trabajador.
- Los equipos de los servicios de socorro y salvamento.
- Los equipos de protección individual de los militares, de los policías y de las personas de los servicios de mantenimiento del orden.
- Los equipos de protección individual de los medios de transporte por carretera.
- El material de deporte.
- El material de autodefensa o de disuasión.
- Los aparatos portátiles para la detección y señalización de los riesgos y de los factores de molestia.

CUESTIÓN

¿Qué condiciones deben reunir los EPI?

Los equipos de protección individual proporcionarán una protección eficaz frente a los riesgos que motivan su uso, sin suponer por sí mismos u ocasionar riesgos adicionales ni molestias innecesarias. A tal fin, deberán:

- Responder a las condiciones existentes en el lugar de trabajo.
- Tener en cuenta las condiciones anatómicas y fisiológicas y el estado de salud del trabajador.
- Adecuarse al portador tras los ajustes necesarios.
- Cumplir los requisitos establecidos en cualquier disposición legal o reglamentaria que les sea de aplicación, en particular en lo relativo a su diseño y fabricación: llevar un marcado CE e ir acompañado de unas instrucciones de uso y mantenimiento.

En caso de riesgos múltiples que exijan la utilización simultánea de varios equipos de protección individual, estos deberán ser compatibles entre sí y mantener su eficacia en relación con el riesgo o riesgos correspondientes.

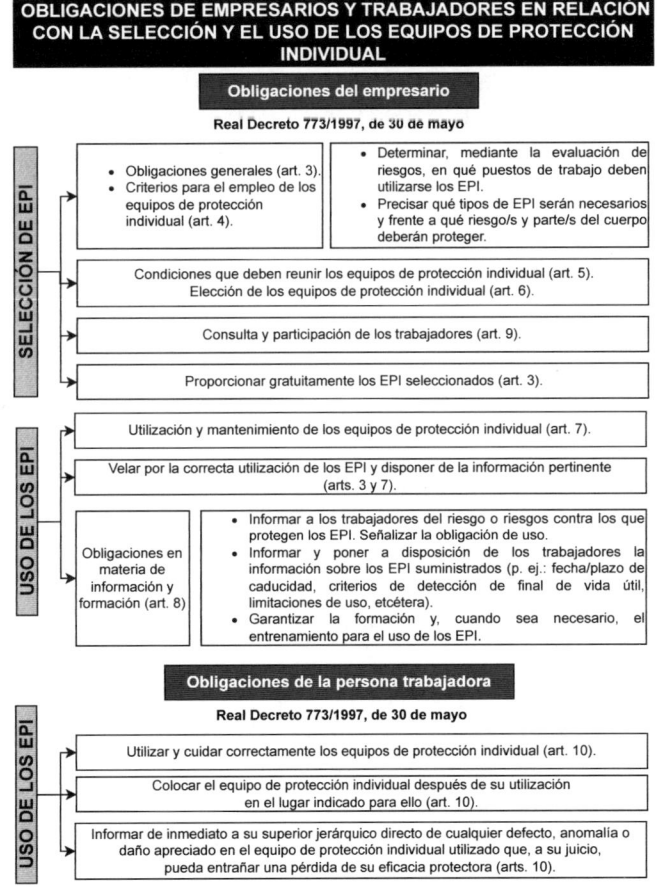

135

Los EPI esenciales para una obra de construcción serán:

1. Protectores de la cabeza

Cascos o gorras/pasamontañas/protectores para la cabeza para proteger contra:

- Golpes resultantes de caídas o proyecciones de objetos.
- Choques contra un obstáculo.
- Riesgos mecánicos (perforaciones, abrasiones).
- Compresión estática (aplastamiento lateral).
- Riesgos térmicos (llamas, calor, frío, sólidos calientes incluidos metales fundidos).
- Choque eléctrico.
- Riesgos químicos.
- Radiación no ionizante (radiación UV, IR, solar o de soldadura).
- Redecillas para el pelo contra el riesgo de enredos.

2. Protectores del oído

- Orejeras (por ejemplo, orejeras acopladas a casco, con reducción activa de ruido y con entrada eléctrica de audio).
- Tapones para los oídos (por ejemplo, tapones dependientes del nivel y tapones adaptados al usuario).

3. Protectores de los ojos y de la cara

Gafas de montura universal, gafas de montura integral y pantallas faciales (lentes graduadas, si procede) para proteger contra:

- Riesgos mecánicos.
- Riesgos térmicos.
- Radiación no ionizante (radiación UV, IR, solar o de soldadura).
- Radiación ionizante.
- Aerosoles sólidos y líquidos de agentes químicos y biológicos.

4. Protección de las vías respiratorias

- Equipos filtrantes para proteger contra:
- Partículas.
- Gases.
- Partículas y gases.

- Aerosoles sólidos o líquidos.
- Equipos aislantes, incluyendo aquellos con suministro de aire.
- Dispositivos de autorrescate.
- Equipos de buceo.

5. Protectores de manos y brazos

Guantes (incluyendo manoplas y protectores de brazos) para proteger contra:
- Riesgos mecánicos.
- Riesgos térmicos (calor, llamas y frío).
- Riesgo eléctrico (antiestáticos, conductores y aislantes).
- Riesgos químicos.
- Riesgo biológico.
- Radiación ionizante y contaminación radiactiva.
- Radiación no ionizante (radiación UV, IR, solar o de soldadura).
- Riesgos de vibración.
- Dediles.

6. Protectores de pies y piernas y protección antideslizante

Calzado (por ejemplo, zapatos, incluyendo en determinadas circunstancias zuecos, botas, que podrían tener puntera para protección de los dedos) para proteger contra:
- Riesgos mecánicos.
- Riesgo de resbalones.
- Riesgos térmicos (calor, llamas y frío).
- Riesgo eléctrico (antiestáticos, conductores y aislantes).
- Riesgos químicos.
- Riesgos de vibración.
- Riesgos biológicos.
- Protectores de empeine extraíbles contra los riesgos mecánicos.
- Rodilleras para proteger contra los riesgos mecánicos.
- Polainas para proteger contra los riesgos mecánicos, térmicos y químicos, así como contra riesgos biológicos.
- Accesorios (por ejemplo, clavos y crampones).

7. Protectores de la piel

Podría haber cremas y lociones barrera para proteger contra:
- Radiación no ionizante (radiación UV, IR, solar o de soldadura).

– Radiación ionizante.

– Productos químicos.

– Riesgos biológicos.

– Riesgos térmicos (calor, llamas y frío).

> **A TENER EN CUENTA.** En determinadas circunstancias, como resultado de la evaluación de riesgos, se podrían utilizar las cremas y/o lociones barrera junto con otros EPI a fin de proteger la piel de los trabajadores frente a los riesgos correspondientes. Tales cremas y lociones se consideran EPI en el marco de la Directiva 89/656/CEE, puesto que este tipo de equipos puede considerarse, en determinadas circunstancias «complemento o accesorio» conforme a los términos del artículo 2 de la Directiva 89/656/CEE. Sin embargo, las cremas barrera no se consideran EPI según lo previsto en el artículo 3, punto 1 del Reglamento (UE) 2016/425.

8. Equipos de protección del cuerpo (distintos a los de protección de la piel)

Equipos de protección individual para protegerse de las caídas de altura, por ejemplo dispositivos anticaídas retráctiles, arneses anticaídas, arneses de asiento, cinturones de sujeción (para posicionamiento de trabajo) y retención y equipos de amarre de sujeción (para posicionamiento de trabajo), absorbedores de energía, dispositivos anticaídas deslizantes sobre línea de anclaje, dispositivos de regulación de cuerda, dispositivos de anclaje que no están diseñados para fijarse de manera permanente y que no requieren operaciones de sujeción antes de su uso, conectores, equipos de amarre, arneses de salvamento.

Ropa de protección, incluyendo protección total del cuerpo (por ejemplo, trajes y monos) y parcial (por ejemplo, polainas, pantalones, chaquetas, chalecos, delantales, rodilleras, capuchas y pasamontañas) contra:

– Riesgos mecánicos.

– Riesgos térmicos (calor, llamas y frío).

– Productos químicos.

– Riesgos biológicos.

– Radiación ionizante y contaminación radiactiva.

– Radiación no ionizante (radiación UV, IR, solar o de soldadura).

– Riesgo eléctrico (antiestática, conductora y aislante).

– Enredos y atrapamientos.

– Chalecos salvavidas para evitar ahogamientos y ayudas a la flotabilidad.

– EPI para señalar visualmente la presencia del usuario.

A sensu contrario, se excluyen de la definición contemplada para los EPI (art. 2 del Real Decreto 773/1997, de 30 de mayo):

– La ropa de trabajo corriente y los uniformes que no estén específicamente destinados a proteger la salud o la integridad física del trabajador.

- Los equipos de los servicios de socorro y salvamento.

- Los equipos de protección individual de los militares, de los policías y de las personas de los servicios de mantenimiento del orden.

- Los equipos de protección individual de los medios de transporte por carretera.

- El material de deporte.

- El material de autodefensa o de disuasión.

- Los aparatos portátiles para la detección y señalización de los riesgos y de los factores de molestia.

8.3.2. Selección del EPI adecuado para una obra de construcción

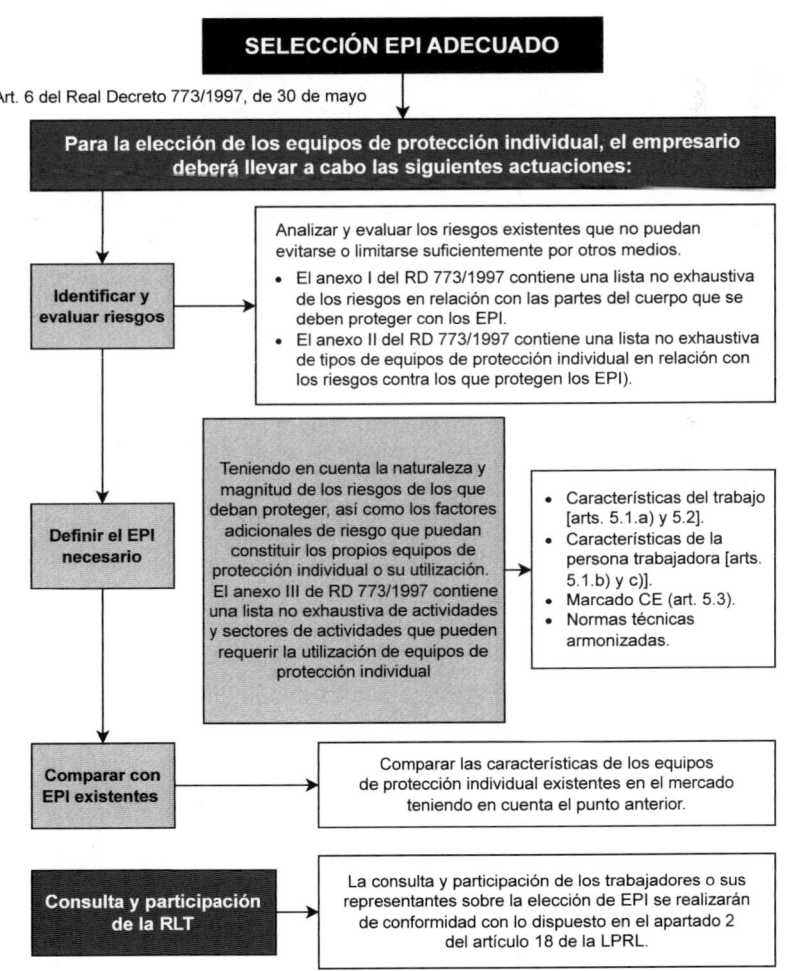

SELECCIÓN EPI ADECUADO

Art. 6 del Real Decreto 773/1997, de 30 de mayo

Para la elección de los equipos de protección individual, el empresario deberá llevar a cabo las siguientes actuaciones:

Identificar y evaluar riesgos

Analizar y evaluar los riesgos existentes que no puedan evitarse o limitarse suficientemente por otros medios.

- El anexo I del RD 773/1997 contiene una lista no exhaustiva de los riesgos en relación con las partes del cuerpo que se deben proteger con los EPI.
- El anexo II del RD 773/1997 contiene una lista no exhaustiva de tipos de equipos de protección individual en relación con los riesgos contra los que protegen los EPI).

Definir el EPI necesario

Teniendo en cuenta la naturaleza y magnitud de los riesgos de los que deban proteger, así como los factores adicionales de riesgo que puedan constituir los propios equipos de protección individual o su utilización. El anexo III de RD 773/1997 contiene una lista no exhaustiva de actividades y sectores de actividades que pueden requerir la utilización de equipos de protección individual

- Características del trabajo [arts. 5.1.a) y 5.2].
- Características de la persona trabajadora [arts. 5.1.b) y c)].
- Marcado CE (art. 5.3).
- Normas técnicas armonizadas.

Comparar con EPI existentes

Comparar las características de los equipos de protección individual existentes en el mercado teniendo en cuenta el punto anterior.

Consulta y participación de la RLT

La consulta y participación de los trabajadores o sus representantes sobre la elección de EPI se realizarán de conformidad con lo dispuesto en el apartado 2 del artículo 18 de la LPRL.

Los equipos de protección individual deberán utilizarse cuando existan riesgos para la seguridad o salud de los trabajadores que no hayan podido evitarse o limitarse suficientemente por medios técnicos de protección colectiva o mediante medidas, métodos o procedimientos de organización del trabajo.

A falta de una respuesta reglamentaria concreta a la pregunta de cuándo es necesario utilizar los equipos de protección individual, hemos de entender necesario realizar una adecuada evaluación de riesgos acompañada de la justificación de la imposibilidad de evitarlos de otra forma que no sea mediante la utilización del EPI.

1. Corresponderá a la evaluación de riesgos determinar la necesidad de suministrar un EPI y sus características de acuerdo con las disposiciones del Real Decreto 773/1997, de 30 de mayo

La concurrencia de circunstancias como la necesidad de utilizar los EPI se hará constar en la siguiente documentación (art. 23 de la LPRL):

- Plan de prevención de riesgos laborales.
- Evaluación de los riesgos para la seguridad y la salud en el trabajo.
- Planificación de la actividad preventiva.
- Práctica de los controles del estado de salud de los trabajadores.
- Relación de accidentes de trabajo y enfermedades profesionales que hayan causado al trabajador una incapacidad laboral superior a un día de trabajo.

Como es lógico, cualquier evaluación de riesgos ha de identificar los riesgos que encontraremos en el desarrollo de la actividad asociando una identificación o lista del riesgo por lugares de trabajo, equipos de trabajo y puestos de trabajo con los posibles daños a la persona trabajadora (incluida la parte del cuerpo que puede verse afectada) y su severidad. La LPR nos indica la necesidad de implantar medidas colectivas que protejan a todos los trabajadores y, si estas no fuesen posibles, acudir a las medidas individuales como los equipos de protección individual. De esta forma, la necesidad de uso de un EPI viene determinada por:

- La imposibilidad de eliminar (o controlar de forma razonable) el riesgo con medidas técnicas o de carácter colectivo.
- La necesidad de cubrir temporalmente una condición de riesgo circunstancial o temporal.
- La necesidad de cubrir una necesidad preventiva durante el periodo de transición hasta que se establezcan la medida de protección definitiva.
- Como medida de protección complementaria de la colectiva cuando así se determine en el proceso de evaluación de riesgos.

A efectos prácticos, esto supone que la evaluación de riesgos identificará el riesgo (caída de objetos a distinto nivel, por ejemplo), el puesto de trabajo en que se origina el riesgo (trabajos en andamio, por ejemplo) y la parte del cuerpo que puede verse afectada (cabeza, por ejemplo).

CUESTIÓN

¿Cómo mostrará la evaluación de riesgos la necesidad de suministrar un EPI y sus posibles características?

El anexo I del Real Decreto 773/1997, de 30 de mayo contiene un esquema indicativo de los riesgos en relación con las partes del cuerpo que se pueden proteger con los equipos de protección individual.

---

2. Anexo III del Real Decreto 773/1997, de 30 de mayo: lista no exhaustiva de actividades y sectores de actividades que pueden requerir la utilización de equipos de protección individual

El anexo III del Real Decreto 773/1997, de 30 de mayo, incluye la construcción entre los sectores donde puede resultar necesaria la utilización de los equipos de protección individual a menos que la implantación de las medidas técnicas u organizativas garantice la eliminación o suficiente limitación de los riesgos correspondientes.

Siempre teniendo en cuenta la necesidad de elegir el EPI adecuado según el riesgo y la parte del cuerpo a proteger, la normativa aplicable y las condiciones de uso y mantenimiento de cada equipo. En el sector de la construcción podemos destacar los siguientes equipos de protección individual:

- Protección de la cabeza: casco.
- Protección de manos y brazos: guantes frente a riesgos mecánicos, productos químicos, riesgo eléctrico, etcétera.
- Protección ocular y facial: gafas o pantallas faciales.
- Protección de pies y piernas: calzado con puntera reforzada y la plantilla antiperforación.
- Protección respiratoria: por lo general mascarillas autofiltrantes FFP, medias máscaras o máscaras completas.
- Protección auditiva: tapones u orejeras.
- Ropa de protección: en función del riesgo y productos utilizados en cada momento.
- Ropa reflectante: en función de las condiciones lumínicas no siempre
- Protección contra caída para trabajos en altura (Arneses, sistemas conexión y amarre, anclajes, etcétera).

3. Consulta y participación de los trabajadores o sus representantes

Siguiendo lo dispuesto en el apdo. 2 del artículo 18 de la Ley de Prevención de Riesgos Laborales (y como desarrollaremos en distintos apartados), es necesaria la consulta y participación de los trabajadores o sus representantes en el marco de todas las cuestiones que afecten a la seguridad y a la salud en el trabajo, incluida la elección de los EPI.

> **RESOLUCIÓN RELEVANTE**
>
> **SAN n.º 111/2018, de 25 de junio, ECLI:ES:AN:2018:2607**
>
> La facultad de participar no puede confundirse con la obligación de negociar y alcanzar acuerdo que no se establece en el convenio. Además, la ropa de trabajo tiene la consideración de equipo de protección tal y como se dispone en el Real Decreto 773/97, de 30 de mayo. Si no hay acuerdo, la empresa puede decidir por ser deudor de seguridad y debe implantar las medidas de seguridad establecidas legalmente, siendo la elección de ropa de trabajo facultad última de la empresa.

4. Registro documental asociado a los EPI

Más allá de dar cumplimiento a las acciones establecidas por la LPRL, el empresario debe tener un registro escrito de todas las acciones realizadas con los EPI, lo que obliga a registrar documentalmente dentro del sistema de gestión el procedimiento de entrega, uso y control mediante acciones como:

- Registro de la consulta y participación a los trabajadores en el proceso de selección de conformidad con lo dispuesto en el apartado 2 del artículo 18 de la Ley de Prevención de Riesgos Laborales.

- Registro de la entrega del EPI al inicio de la actividad laboral (previa información de los riesgos asociados al puesto de trabajo).

- Registro de información del EPI relevante para el trabajador (entrega de instrucciones de uso y mantenimiento).

- Registro de formación en el uso del EPI (teórica, práctica o con adiestramiento en caso de considerarse necesario).

- Registro de control (auditoría del uso y condiciones en las que se encuentra el EPI). El denominado deber in vigilando regulado en el art. 3.d) del Real Decreto 773/1997, de 30 de mayo obliga al empresario a velar por que la utilización de los equipos se realice conforme a lo dispuesto en el artículo 7 del mismo real decreto.

> **A TENER EN CUENTA.** La evaluación de riesgos laborales del centro definirá las características que deban cumplir los equipos de protección individual. Con carácter general, se recomienda que la empresa guarde en soporte informático los datos relativos a cada equipo y usuario para el control de la correcta utilización, mantenimiento y reposición de los EPI.

Dentro de este punto, hemos de prestar especial atención a las fichas de control de equipos de protección individual, donde se concentrará documentalmente la información que se considera necesaria para la correcta aplicación del Real Decreto 773/1997, de 30 de mayo, dividida en una ficha del propio equipo y una ficha de entrega.

Siguiendo modelo orientativo publicado por el INSST, estas fichas han de contener de manera clara:

1. Ficha del equipo de protección individual

- Denominación del EPI, marca y modelo.
- Datos de la empresa.
- Fechas de adquisición y caducidad.
- Fecha de consulta con los representantes de los trabajadores.
- Puesto de trabajo donde es necesario el uso del EPI, relacionado con los riesgos para los que es necesario y las características del lugar de trabajo y personas trabajadoras [arts. 4 y 5.1.a) y b) del RD 773/1997, de 30 de mayo].
- Características del EPI (arts. 6.1. y 6.2 del RD 773/1997, de 30 de mayo).
- Normas armonizadas aplicables (arts. 6.1. y 6.2 del RD 773/1997, de 30 de mayo).
- Uso conjunto con otros EPI (art. 5.2 del RD 773/1997, de 30 de mayo).
- Formación e información relevante impartida a las personas trabajadoras (arts. 7 y 8 del Real Decreto 773/1997, de 30 de mayo) sobre su uso y mantenimiento.
- Cualquier observación necesaria.

2. Ficha de entrega del equipo de protección individual

- Datos de la persona trabajadora.
- Denominación del EPI, marca y modelo.
- Características personales de la persona trabajadora que se han tenido en cuenta.
- Fecha de entrega.
- Número de unidades entregadas.
- Formación e información impartida y su acreditación.
- Normas de uso del EPI. Debe indicarse claramente la necesidad de utilizar, cuidar y almacenar correctamente los EPI.
- Cualquier observación necesaria.

CUESTIONES

1. ¿Qué actuaciones deberá llevar a cabo el empresario para la elección de los equipos de protección individual?

Según la nueva redacción dada al art. 6 del Real Decreto 773/1997, de 30 de mayo por parte del Real Decreto 1076/2021, de 7 de diciembre, para la elección de los equipos de protección individual, el empresario deberá llevar a cabo las siguientes actuaciones:

a) Analizar y evaluar los riesgos existentes que no puedan evitarse o limitarse suficientemente por otros medios. En el anexo I figura un esquema indicativo de los riesgos en relación con las partes del cuerpo que se pueden proteger con los equipos de protección individual.

b) Definir las características que deberán reunir los equipos de protección individual para garantizar su función, teniendo en cuenta la naturaleza y magnitud de los riesgos de los que deban proteger, así como los factores adicionales de riesgo que puedan constituir los propios equipos de protección individual durante su utilización.

c) Comparar las características de los equipos de protección individual existentes en el mercado con las definidas según lo señalado en el párrafo anterior.

2. Las visitas a las obras, ¿deben usar los EPI?

En previsión de las visitas que realicen a las obras personas ajenas a las mismas o que no prestan servicios con carácter habitual en ellas (personal técnico o dirección facultativa, inspectores/as y visitantes de organismos oficiales, etc.) el art. 236 del VII CCGSC establecer que «(...) deberá disponerse de una dotación de los equipos de protección individual necesarios en cada caso, y que estarán obligados a utilizar mientras permanezcan en la obra».

3. ¿Qué debe reflejar la evaluación de riesgos para definir correctamente el EPI a comprar?

Una vez identificado el riesgo debemos evitar realizar una descripción genérica del EPI necesario. Para realizar una correcta valoración de los requisitos de protección de un EPI antes de su compra se recomienda fijar por escrito aspectos como:

- Calidades y materiales de fabricación con referencia a aspectos de su confección (algodón, poliéster, cierre con cremallera, bolsillos, etcétera).

- Normas que debe cumplir (en concreto, las normas UNE).

- Grado o nivel de protección necesario.

- Vida útil, condiciones de control de desgaste, calidad de las piezas de repuesto, etcétera.

- Adaptación ergonómica (talla, dimensiones, etcétera).

- Necesidad de compatibilidad con otros EPI.

DOCUMENTOS RELEVANTES

- Guía Técnica del INSST relativa al uso de equipos de protección individual en el trabajo.

- Apéndice 6 de la Guía Técnica del INSST relativa a la exposición a riesgos biológicos.

- NTP 787: Equipos de protección respiratoria: identificación de los filtros según sus tipos y clase. INSST. Año 2008.

- NTP 938: Guantes de protección contra microorganismos. INSST. Año 2012.

- NTP 772: Ropa de protección contra agentes biológicos INSST. Año 2007.

- NTP 813: Calzado para protección individual: Especificaciones, clasificación y marcado. INSST. Año 2008.

- FND: «Selección y uso de los Equipos de Protección Individual».

- UNE-EN 149:2001 + A1:2010. Dispositivos de protección respiratoria. Medias máscaras filtrantes de protección contra partículas. Requisitos, ensayos, marcado.

- UNE-EN 143:2001+ A1:2006. Equipos de protección respiratoria. Filtros contra partículas. Requisitos, ensayos, marcado.

– UNE-EN 143:2021. Equipos de protección respiratoria. Filtros contra partículas. Requisitos, ensayos, marcado. (Ratificada por la Asociación Española de Normalización en abril de 2021.)

– UNE-EN ISO 374-5:2016. Guantes de protección contra productos químicos y los microorganismos peligrosos. Parte 5: Terminología y requisitos de prestaciones para riesgos por microorganismos. (ISO 3745:2016) (Ratificada por la Asociación Española de Normalización en junio de 2017).

– UNE-EN 14126: 2004 y UNE-EN 14126: 2004/AC: 2006. Ropa de protección. Requisitos y métodos de ensayo para la ropa de protección contra agentes biológicos.

– UNE-EN 14126: 2004/AC: 2006. Ropa de protección contra productos químicos líquidos. Requisitos de prestaciones para la ropa con uniones herméticas a los líquidos (Tipo 3) o con uniones herméticas a las pulverizaciones (Tipo 4), incluyendo las prendas que ofrecen protección únicamente a ciertas partes del cuerpo (Tipos PB [3] y PB [4]).

– UNE EN 166:2002. Protección individual de los ojos. Especificaciones.

ANEXO.
FORMULARIOS

Acta de nombramiento de coordinador en materia de seguridad y salud durante la ejecución de la obra de construcción

Cuando en la ejecución de la obra intervenga más de una empresa, o una empresa y trabajadores autónomos o bien, diversos trabajadores autónomos, el promotor, antes del inicio de los trabajos o tan pronto como se constate dicha circunstancia, designará un coordinador en materia de seguridad y salud durante la ejecución de la obra.

A efectos del art. 2 del Real Decreto 1627/1997, de 24 de octubre, se entenderá por «*coordinador en materia de seguridad y de salud durante la ejecución de la obra, el técnico competente integrado en la dirección facultativa, designado por el promotor (...)*».

Acta de nombramiento de coordinador en materia de seguridad y salud durante la ejecución de la obra de construcción

Obra o instalación: [ESPECIFICAR].

Localidad y situación: [ESPECIFICAR].

Promotor (Propiedad): [ESPECIFICAR].

NIF: [NÚMERO].

Autor del proyecto de obras: [ESPECIFICAR].

Dirección de obra: [ESPECIFICAR].

Coordinador durante la elaboración del proyecto: [ESPECIFICAR].

Autor del estudio (1) de seguridad y salud: [ESPECIFICAR].

Coordinador de seguridad y salud durante la ejecución de la obra: [ESPECIFICAR].

Empresa contratista: [ESPECIFICAR].

En cumplimiento de lo establecido por el art. 3.2 del Real Decreto 1627/1997, de 24 de octubre, por el que se establecen disposiciones mínimas de seguridad y de salud en las obras de construcción, y por concurrir en la obra de referencia [ESPECIFICAR] **(1)**, se procede por la presente al nombramiento de D./D.ª [NOMBRE], con DNI [NÚMERO] y en posesión de la titulación de [ESPECIFICAR] como coordinador en materia de seguridad y salud durante la ejecución de la obra, correspondiendo al mismo las siguientes funciones según el artículo 9 del mencionado real decreto:

a) Coordinar la aplicación de los principios generales de prevención y de seguridad:

- – Al tomar las decisiones técnicas y de organización con el fin de planificar los distintos trabajos o fases de trabajo que vayan a desarrollarse simultánea o sucesivamente.

- – Al estimar la duración requerida para la ejecución de estos distintos trabajos o fases de trabajo.

b) Coordinar las actividades de la obra para garantizar que los contratistas y, en su caso, los subcontratistas y los trabajadores autónomos apliquen de manera coherente y responsable los principios de la acción preventiva que se recogen en el artículo 15 de la Ley de Prevención de Riesgos Laborales durante la ejecución de la obra y, en particular, en las tareas o actividades a que se refiere el art. 10 del Real Decreto 1627/1997, de 24 de octubre.

c) Aprobar el plan de seguridad y salud elaborado por el contratista y, en su caso, las modificaciones introducidas en el mismo. La dirección facultativa asumirá esta función cuando no fuera necesaria la designación de coordinador.

d) Organizar la coordinación de actividades empresariales prevista en el artículo 24 de la Ley de Prevención de Riesgos Laborales.

e) Coordinar las acciones y funciones de control de la aplicación correcta de los métodos de trabajo.

f) Adoptar las medidas necesarias para que solo las personas autorizadas puedan acceder a la obra. La dirección facultativa asumirá esta función cuando no fuera necesaria la designación de coordinador.

En [LOCALIDAD], a [DÍA] de [MES] de [AÑO].

[SELLO_Y_FIRMA_EMPRESA]

La empresa.

ACEPTO EL NOMBRAMIENTO DESIGNADO:

[FIRMA]

D./D.ª [NOMBRE_TRABAJADOR_A]

---

(1) Cuando en la ejecución de la obra intervenga más de una empresa, o una empresa y trabajadores autónomos o diversos trabajadores autónomos, el promotor, antes del inicio de los trabajos o tan pronto como se constate dicha circunstancia, designará un coordinador en materia de seguridad y salud durante la ejecución de la obra (art. 3 del Real Decreto 1627/1997, de 24 de octubre).

Acta nombramiento de recurso preventivo en las obras de construcción

Lo dispuesto en el art. 32 bis de la Ley de Prevención de Riesgos Laborales, en relación con la presencia de los recursos preventivos, será de aplicación en las obras de construcción reguladas por el Real Decreto 1627/1997, de 24 de octubre, por el que se establecen las disposiciones mínimas de seguridad y salud en las obras de construcción.

ACTA DE NOMBRAMIENTO DE RECURSO PREVENTIVO

Nombramiento de responsables del contratista/subcontratista

Empresa contratista: [NOMBRE_EMPRESA].

Obra: [ESPECIFICAR].

Localidad y situación: [ESPECIFICAR].

TRABAJADOR DESIGNADO COMO RECURSO PREVENTIVO EN LA OBRA [ESPECIFICAR].

La empresa [NOMBRE_EMPRESA], mediante la presente acta, **nombra RECURSO PREVENTIVO a D./D.ª** [NOMBRE_TRABAJADOR] con DNI n.º [NÚMERO] para la obra reseñada.

Las funciones para desarrollar por los recursos preventivos, como normas generales de actuación, corresponden a las siguientes:

PRIMERO. Vigilar el cumplimiento y hacer cumplir a todos los trabajadores de la obra, las medidas incluidas en el plan de seguridad y salud en el trabajo, y comprobar la eficacia de las mismas.

SEGUNDO. Aplicar los principios de la acción preventiva que se recogen en el art. 15 de la Ley de Prevención de Riesgos Laborales, en particular al desarrollar las tareas o actividades siguientes:

- El mantenimiento de la obra en buen estado de orden y limpieza.
- La elección del emplazamiento de los puestos y áreas de trabajo, teniendo en cuenta sus condiciones de acceso, y la determinación de las vías o zonas de desplazamiento o circulación.
- La manipulación de los distintos materiales y la utilización de los medios auxiliares.
- El mantenimiento, el control previo a la puesta en servicio y el control periódico de las instalaciones y dispositivos necesarios para la ejecución de la obra, con objeto de corregir los defectos que pudieran afectar a la seguridad y salud de los trabajadores.

- La delimitación y el acondicionamiento de las zonas de almacenamiento y depósito de los distintos materiales, en particular si se trata de materias o sustancias peligrosas.

- La recogida de los materiales peligrosos utilizados.

- El almacenamiento y la eliminación o evacuación de residuos y escombros.

- La adaptación, en función de la evolución de la obra, del período de tiempo efectivo que habrá de dedicarse a los distintos trabajos o fases de trabajo.

- La cooperación entre los contratistas, subcontratistas y trabajadores autónomos, desempeñando el papel de coordinación de las actividades empresariales definido en el Real Decreto 171/2004, de 30 de enero, por el que se desarrolla el artículo 24 de la Ley 31/1995, de 8 de noviembre, de Prevención de Riesgos Laborales en materia de coordinación de actividades empresariales.

- Las interacciones e incompatibilidades con cualquier otro tipo de trabajo o actividad que se realice en la obra o cerca del lugar de la obra.

TERCERO. Cumplir la normativa en materia de prevención de riesgos laborales, teniendo en cuenta, las obligaciones sobre coordinación de actividades empresariales previstas en el art. 24 de la Ley de Prevención de Riesgos Laborales, así como cumplir las disposiciones mínimas establecidas en el anexo IV del Real Decreto 1627/1997, de 24 de octubre, por el que se establecen disposiciones mínimas de seguridad y salud en las obras de construcción.

CUARTO. Informar y proporcionar las instrucciones adecuadas a los trabajadores autónomos sobre todas las medidas que hayan de adoptarse en lo que se refiere a su seguridad y salud en la obra.

QUINTO. Atender las indicaciones y cumplir las instrucciones del coordinador en materia de seguridad y de salud durante la ejecución de la obra o, en su caso, de la dirección facultativa.

En [PROVINCIA], a [FECHA].

[FIRMA]

El representante legal de la empresa contratista.

Según lo dispuesto en el artículo 32 bis «*Presencia de los recursos preventivos*» y en la disposición adicional decimocuarta «*Presencia de recursos preventivos en las obras de construcción*» de la Ley 31/1995, de 8 de noviembre, sobre Prevención de Riesgos Laborales, se designa a D./D.ª [NOMBRE], en posesión del DNI núm.: [DNI], como **RECURSO PREVENTIVO EN LA OBRA** [ESPECIFICAR].

D./D.ª [NOMBRE] acepta con su firma a pie de página esta designación con las atribuciones y funciones establecidas en la Ley 31/1995, de 8 de noviembre, de Prevención de Riesgos Laborales.

Igualmente, el/la trabajador/a designado/a deberá estar físicamente presente de manera continua en la obra mientras desarrolle funciones como recurso preventivo.

[FIRMA]

TRABAJADOR DESIGNADO.

[FIRMA]

REPRESENTANTE DE LA EMPRESA.

Acta de aprobación del plan de seguridad y salud en el trabajo

Según el art. 7 del Real Decreto 1627/1997, de 24 de octubre, el plan de seguridad y salud deberá ser aprobado, antes del inicio de la obra, por el coordinador en materia de seguridad y de salud durante la ejecución de la obra.

Obra o instalación: [ESPECIFICAR].

Localidad y situación: [ESPECIFICAR].

Promotor (propiedad): [ESPECIFICAR].

NIF: [NÚMERO].

Autor del proyecto de obras: [ESPECIFICAR].

Dirección de obra: [ESPECIFICAR].

Coordinador durante la elaboración del proyecto: [ESPECIFICAR].

Autor del estudio (1) de Seguridad y Salud: [ESPECIFICAR].

Coordinador de Seguridad y Salud durante la ejecución de la obra: [ESPECIFICAR].

Empresa contratista: [ESPECIFICAR].

D./D.ª [NOMBRE], con DNI [NÚMERO], en su condición de coordinador en materia de seguridad y salud durante la ejecución de la obra de referencia, ha recibido del representante legal de la empresa contratista [NOMBRE_EMPRESA] el plan de seguridad y salud en el trabajo, correspondiente a su intervención contractual en la obra (se adjunta copia como documento n.º 1 a esta acta).

Analizando su contenido, se hace constar:

1.- Que dicho plan está redactado por D./D.ª [NOMBRE].

2.- Que siguiendo el Real Decreto 1627/1997, de 24 de octubre, por el que se establecen disposiciones mínimas de seguridad y de salud en las obras de construcción, se analizan, estudian, desarrollan y complementan las previsiones contenidas en el estudio redactado para la obra de referencia.

3.- Que en el citado plan se incluyen [DESCRIPCIÓN]. **(2)**

4.- Considerando que, con las indicaciones antes consignadas, el plan de seguridad y salud en el trabajo a que se refiere esta acta, reúne las condiciones técnicas requeridas por el citado Real Decreto 1627/1997, de 24 de octubre, el coordinador de seguridad y salud durante la ejecución de la obra procede a su aprobación formal.

5.- Del plan de seguridad y salud en el trabajo aprobado, acompañado de copia de esta acta visada por el colegio [ESPECIFICAR], a la empresa contratista dará traslado a las partes implicadas. **(3)**

6.- El Plan de Seguridad y Salud aprobado estará en la obra a disposición permanente de las personas afectas y de la dirección facultativa.

7.- Cualquier modificación que se pretenda introducir a este Plan aprobado, requerirá la expresa aprobación del coordinador de seguridad y salud para su efectiva aplicación, y habrá de someterse al mismo trámite de información y traslado a los diversos agentes intervinientes reseñados antes.

En [PROVINCIA] a [FECHA].

APRUEBO el PLAN.

[FIRMA]

El coordinador de seguridad.

[FIRMA]

El promotor.

[FIRMA]

El representante legal de seguridad y salud durante la ejecución.

[FIRMA]

La empresa contratista de la obra.

---

(1) O estudio básico.

(2) A modo de ejemplo: propuestas de medidas alternativas de prevención.

(3) Autoridad laboral competente (art. 19 del Real Decreto 1627/1997, de 24 de octubre); al servicio de prevención; a las personas u órganos con responsabilidad en materia de prevención en las empresas intervinientes o concurrentes en la obra y a los representantes de los trabajadores, a efectos de que puedan presentar, por escrito y de forma razonada, las sugerencias y alternativas que estimen oportunas.

Propuesta de modificación del plan de seguridad y salud en obras de construcción

El plan de seguridad y salud podrá ser modificado por el contratista en función del proceso de ejecución de la obra, de la evolución de los trabajos y de las posibles incidencias o modificaciones que puedan surgir a lo largo de la obra, pero siempre con la aprobación expresa, antes del inicio de la obra, por el coordinador en materia de seguridad y de salud durante la ejecución de la obra (art. 7.4 del Real Decreto 1627/1997, de 24 de octubre).

En [LUGAR], a [FECHA].

[DATOS_EMPRESA_SUBCONTRATISTA].

Propuesta de modificación del plan de seguridad y salud en obras de construcción en la obra [ESPECIFICAR]

[NOMBRE_EMPRESA_CONTRATISTA].

[DOMICILIO_SOCIAL].

[LOCALIDAD].

Al amparo del art. 7 del Real Decreto 1627/1997, de 24 de octubre, por el que se establecen disposiciones mínimas de seguridad y de salud en las obras de construcción, el plan de seguridad y salud podrá ser modificado por el contratista en función del proceso de ejecución de la obra, de la evolución de los trabajos y de las posibles incidencias o modificaciones que puedan surgir a lo largo de la obra, antes del inicio de la misma.

Siendo necesario la aprobación expresa por parte del coordinador en materia de seguridad y de salud, se propone la adopción de las medidas preventivas que se indican a continuación, en relación con los trabajos que del mismo modo se señalan, teniendo en cuenta las situaciones de riesgo detectadas por esta parte:

- PUESTO DE TRABAJO: [ESPECIFICAR].
- RIESGOS DETECTADOS: [ESPECIFICAR].
- MEDIDAS PREVENTIVAS QUE SE PROPONEN: [ESPECIFICAR].

[SELLO_Y_FIRMA_EMPRESA]

[Empresa subcontratista/Trabajador autónomo/Técnico designado por el empresario].

[FIRMA]

Delegado de prevención/Comité de Seguridad y Salud.

Recibí,

[SELLO_Y_FIRMA_CONTRATISTA]

La empresa contratista.

Solicitud al promotor por parte del contratista del estudio de seguridad y salud para la elaboración del plan de seguridad y salud

El art. 4 del Real Decreto 1627/1997, de 24 de octubre, establece la obligatoriedad del estudio de seguridad y salud o del estudio básico de seguridad y salud en las obras en que se den alguno de los supuestos siguientes:

a) Que el presupuesto de ejecución por contrata incluido en el proyecto sea igual o superior a 450.759,07 euros.

b) Que la duración estimada sea superior a 30 días laborables, empleándose en algún momento a más de 20 trabajadores simultáneamente.

c) Que el volumen de mano de obra estimada, entendiendo por tal la suma de los días de trabajo del total de los trabajadores en la obra, sea superior a 500.

d) Las obras de túneles, galerías, conducciones subterráneas y presas.

En los proyectos de obras no incluidos en ninguno de los supuestos previstos en el apartado anterior, el promotor estará obligado a que en la fase de redacción del proyecto se elabore un estudio básico de seguridad y salud.

En [LUGAR], a [FECHA].

[DATOS_CONTRATISTA]

- Obra o instalación: [ESPECIFICAR].

- Localidad y situación: [ESPECIFICAR].

- Promotor (propiedad): [ESPECIFICAR].

- NIF: [NÚMERO].

- Empresa contratista: [ESPECIFICAR].

D./D.ª [NOMBRE], con DNI [NÚMERO], en su condición de contratista en materia de seguridad y salud durante la ejecución de la obra de referencia,

SOLICITA

A D./D.ª [NOMBRE], con DNI [NÚMERO], en su condición de promotor de la obra referenciada el estudio de seguridad y salud para la elaboración del plan de seguridad y salud por mi parte.

Tal solicitud se realiza siguiendo lo establecido en el art. 4 del Real Decreto 1627/1997, de 24 de octubre, por el que se establecen disposiciones mínimas de seguridad y de salud en las obras de construcción, toda vez que Ud., como promotor, estará obligado en la fase de redacción del proyecto a la elaboración de un estudio de seguridad y salud en los proyectos de obras en que se den alguno de los supuestos siguientes.

a) Que el presupuesto de ejecución por contrata incluido en el proyecto sea igual o superior a 450.759,07 euros.

b) Que la duración estimada sea superior a 30 días laborables, empleándose, en algún momento, a más de 20 trabajadores simultáneamente.

c) Que el volumen de mano de obra estimada, entendiendo por tal la suma de los días de trabajo del total de los trabajadores en la obra, sea superior a 500.

d) Las obras de túneles, galerías, conducciones subterráneas y presas.

A la espera de recibir la documentación solicitada por su parte, un cordial saludo,

[FIRMA]

La empresa contratista de la obra.

Recibí:

[FIRMA]

El promotor.

Comunicación a contratistas de sus obligaciones en materia de prevención de riesgos laborales en obras de construcción

Será considerado contratista la persona física o jurídica que asume contractualmente ante el promotor, con medios humanos y materiales, propios o ajenos, el compromiso de ejecutar la totalidad o parte de las obras con sujeción al proyecto y al contrato, correspondiéndole, entre otras, las obligaciones establecidas en el art. 11 del Real Decreto 1627/1997, de 24 de octubre.

Comunicación a contratistas de sus obligaciones en materia de prevención de riesgos laborales en obras de construcción

(Real Decreto 1627/1997, de 24 de octubre)

En [LUGAR], a [FECHA].

- Empresa: [NOMBRE_EMPRESA].
- Dirección: [DOMICILIO_SOCIAL].
- Localidad: [LOCALIDAD].
- A/A: [NOMBRE].

Muy Sr./Sra. Mío/a:

Con el objetivo de cumplir la normativa vigente en materia de prevención de riesgos laborales, le comunicamos mediante la presente sus obligaciones en dicha materia para la obra sita en [DIRECCIÓN], por su condición de contratista:

PRIMERO.- Aplicar los principios de la acción preventiva establecidos en el artículo 15 de la Ley de Prevención de Riesgos Laborales, en concreto:

- Evitar los riesgos.
- Evaluar los riesgos que no se puedan evitar.
- Combatir los riesgos en su origen.
- Adaptar el trabajo a la persona, en particular, en lo que respecta a la concepción de los puestos de trabajo, así como a la elección de los equipos y los métodos de trabajo y de producción, con miras, en particular, a atenuar el trabajo monótono y repetitivo y a reducir los efectos del mismo en la salud.
- Tener en cuenta la evolución de la técnica.
- Sustituir lo peligroso por lo que entrañe poco o ningún peligro.
- Planificar la prevención, buscando un conjunto coherente que integre en ella la técnica, la organización del trabajo, las condiciones de trabajo, las relaciones sociales y la influencia de los factores ambientales en el trabajo.
- Adoptar medidas que antepongan la protección colectiva a la individual.
- Dar las debidas instrucciones a los trabajadores.

SEGUNDO.- Desarrollar las tareas o actividades indicadas en el artículo 10 del Real Decreto 1627/1997, de 24 de octubre, en concreto:

- El mantenimiento de la obra en buen estado de orden y limpieza.

- La elección del emplazamiento de los puestos y áreas de trabajo, teniendo en cuenta sus condiciones de acceso, y la determinación de las vías o zonas de desplazamiento o circulación.

- La manipulación de los distintos materiales y la utilización de los medios auxiliares.

- El mantenimiento, el control previo a la puesta en servicio y el control periódico de las instalaciones y dispositivos necesarios para la ejecución de la obra, con objeto de corregir los defectos que pudieran afectar a la seguridad y salud de los trabajadores.

- La delimitación y el acondicionamiento de las zonas de almacenamiento y depósito de los distintos materiales, en particular si se trata de materias o sustancias peligrosas.

- La recogida de los materiales peligrosos utilizados.

- El almacenamiento y la eliminación o evacuación de residuos y escombros.

- La adaptación, en función de la evolución de la obra, del período de tiempo efectivo que habrá de dedicarse a los distintos trabajos o fases de trabajo.

- La cooperación entre los contratistas, subcontratistas y trabajadores autónomos.

- Las interacciones e incompatibilidades con cualquier otro tipo de trabajo o actividad que se realice en la obra o cerca del lugar de la obra.

TERCERO.- Cumplir y hacer cumplir a su personal lo establecido en el plan de seguridad y salud en el trabajo (de conformidad con el art. 7 del Real Decreto 1627/1997, de 24 de octubre).

CUARTO.- Cumplir la normativa en materia de prevención de riesgos laborales, teniendo en cuenta, en su caso, las obligaciones sobre coordinación de actividades empresariales previstas en el artículo 24 de la Ley de Prevención de Riesgos Laborales.

QUINTO.- Cumplir las disposiciones mínimas establecidas en el anexo IV del Real Decreto 1627/1997, de 24 de octubre, durante la ejecución de la obra.

SEXTO.- Informar y proporcionar las instrucciones adecuadas a los trabajadores autónomos sobre todas las medidas que hayan de adoptarse en lo que se refiere a su seguridad y salud en la obra.

SÉPTIMO.- Atender las indicaciones y cumplir las instrucciones del coordinador en materia de seguridad y de salud durante la ejecución de la obra o, en su caso, de la dirección facultativa.

OCTAVO.- Acreditar la utilización por el personal adecuado de las máquinas, vehículos y equipos especiales.

NOVENO.- Informar a sus propios trabajadores sobre (art. 18 de la Ley 31/1995, de 8 de noviembre):

- Los riesgos para la seguridad y la salud de los trabajadores en el trabajo, tanto aquellos que afecten a la empresa en su conjunto como a cada tipo de puesto de trabajo o función.

- Las medidas y actividades de protección y prevención aplicables a los riesgos señalados en el apartado anterior.

- Las medidas adoptadas de conformidad con lo dispuesto en el artículo 20 de la LPRL.

DÉCIMO.- Velar porque los trabajadores a su cargo cumplan con las medidas de prevención que en cada caso sean adoptadas, por su propia seguridad y salud en el trabajo y por la de aquellas otras personas a las que pueda afectar su actividad profesional, a causa de sus actos y omisiones en el trabajo, de conformidad con la formación recibida y las instrucciones recibidas.

UNDÉCIMO.- La comunicación por escrito al coordinado de seguridad y salud de cualquier modificación en el plan de seguridad y salud.

En [PROVINCIA], a [FECHA].

[FIRMA]

La empresa.

Recibí,

[FIRMA]

Empresa contratista.

Adhesión al plan de seguridad y salud de la empresa contratista por parte de sus subcontratas

El presente formulario sirve como modelo para que la empresa subcontratista se comprometa a cumplir con todas las normas de seguridad que se apliquen en el plan de seguridad y salud de la empresa contratista.

Adhesión al plan de seguridad y salud de la empresa [EMPRESA CONTRATISTA]**, por parte de la empresa** [EMPRESA SUBCONTRATADA]**.**

En [LOCALIDAD], a [DÍA] de [MES] de [AÑO].

[NOMBRE_EMPRESA].

[DATOS DE LA OBRA] **(1).**

D./D.ª [NOMBRE], en representación de la empresa [NOMBRE_EMPRESA] y que va a prestar sus servicios acepta y se acoge a todas las instrucciones contenidas en el Plan de Seguridad y Salud que ha elaborado [NOMBRE_EMPRESA] como empresa contratista, comprometiéndose a cumplir todo lo que afecte en su trabajo y en su relación con los demás trabajos de la obra.

De la misma manera, se compromete a cumplir todas las normas de seguridad que se apliquen en la misma.

[FIRMA_SELLO_EMPRESA].

La empresa subcontratada.

Recibí,

[FIRMA_SELLO_EMPRESA].

La empresa contratista.

---

(1) Especificar: razón social, trabajos a realizar, n.º de trabajadores, contratista principal responsable de ejecución, persona designada para prevención y fecha de entrada en obra.

Certificado de formación en materia de prevención de riesgos para la subcontratación en el sector de la construcción

Las empresas deben certificar la formación en prevención de riesgos de trabajadores en construcción según Ley 32/2006, RD 1109/2007 y art. 153 del VII CCGSC.

CERTIFICADO DE FORMACIÓN

- Nombre o razón social: [NOMBRE].
- Fecha del certificado: [FECHA].
- CCC [NÚMERO]
- NIF [NÚMERO].

La empresa arriba indicada declara que cuenta con personas que, conforme a su plan de prevención en vigor en la empresa, ejercen funciones de dirección y han recibido la formación necesaria, de conformidad con lo previsto en el artículo 12 del Real Decreto 1109/2007, de 24 de octubre, por el que se desarrolla la Ley 32/2006, de 18 de octubre, reguladora de la subcontratación en el sector de la Construcción.

Asimismo, [NOMBRE], como [Organización preventiva de la empresa/Entidad que acredita la formación/Servicio de prevención ajeno/Servicio de prevención propio/Servicio de prevención mancomunado] certifica que las personas trabajadoras que prestan servicios para la empresa en obras de construcción han recibido formación específica en materia de prevención de riesgos laborales.

[FIRMA]
Organización que acredita la formación.

[FIRMA]
La empresa.

Ficha de control de equipos de protección individual (EPI)

Modelo de ficha orientativa que recoge la información que se considera necesaria para la correcta aplicación del Real Decreto 773/1997, de 30 de mayo, indicándose, en su caso, una referencia al artículo correspondiente (siguiendo modelo orientativo publicado por el INSST).

1. Ficha del equipo de protección individual

Denominación del EPI: [ESPECIFICAR].

Marca: [ESPECIFICAR].

Modelo: [ESPECIFICAR].

Empresa: [ESPECIFICAR].

Centro de trabajo: [ESPECIFICAR].

Fecha de adquisición: [FECHA].

Fecha de caducidad: [FECHA].

Consulta a los trabajadores (1): fecha de la consulta: [FECHA].

Puesto de trabajo donde es necesario el uso del EPI

	Puesto/ Área de trabajo	Riesgo/s para los que es necesario el uso del EPI Art. 4 del RD 773/1997, de 30 de mayo.	Características del lugar de trabajo Art. 5.1.a) del RD 773/1997, de 30 de mayo.	Características de los trabajadores Art. 5.1.b) del RD 773/1997, de 30 de mayo.
1	[ESPECIFICAR]	[ESPECIFICAR]	[ESPECIFICAR]	[ESPECIFICAR]
2	[ESPECIFICAR]	[ESPECIFICAR]	[ESPECIFICAR]	[ESPECIFICAR]
3	[ESPECIFICAR]	[ESPECIFICAR]	[ESPECIFICAR]	[ESPECIFICAR]

Características del EPI

Características significativas Arts. 6.1. y 6.2 del RD 773/1997, de 30 de mayo	Normas armonizadas aplicables Arts. 6.1. y 6.2 del RD 773/1997, de 30 de mayo	Uso conjunto con otros EPI Art. 5.2 del RD 773/1997, de 30 de mayo
[ESPECIFICAR]	[ESPECIFICAR]	[ESPECIFICAR]
[ESPECIFICAR]	[ESPECIFICAR]	[ESPECIFICAR]
[ESPECIFICAR]	[ESPECIFICAR]	[ESPECIFICAR]

Formación e información relevante para los trabajadores (arts. 7 y 8 del Real Decreto 773/1997, de 30 de mayo). **(2)**

Instrucciones de uso	Instrucciones de mantenimiento (3)
[ESPECIFICAR]	[ESPECIFICAR]

Observaciones

[ESPECIFICAR]

[FIRMA]

Firma de la persona trabajadora.

[SELLO Y FIRMA DE LA EMPRESA]

[La empresa/Responsable de prevención].

Fecha: [FECHA].

2. Ficha de entrega del equipo de protección individual

Datos de la persona trabajadora

Nombre: [ESPECIFICAR].

Puesto de trabajo: [ESPECIFICAR].

Equipo de protección individual:

- Tipo de EPI: [ESPECIFICAR].
- Marca: [ESPECIFICAR].
- Modelo: [ESPECIFICAR].

Características personales que se han tenido en cuenta: [ESPECIFICAR]. **(4)**

Fecha de entrega: [ESPECIFICAR].

Núm. de unidades entregadas: [ESPECIFICAR].

Información y formación

a) Información recibida

- [ESPECIFICAR].
- [ESPECIFICAR].
- [ESPECIFICAR].
- [ESPECIFICAR].

Fecha: [FECHA].

b) Formación recibida

- [ESPECIFICAR].

– [ESPECIFICAR].

– [ESPECIFICAR].

Fecha: [FECHA].

Uso del EPI

El destinatario del EPI se compromete a:

– Utilizar el equipo en todas las situaciones que se le haya indicado y siempre que acceda a áreas en las que su uso sea obligatorio.

– Seguir las instrucciones recibidas en lo relativo al cuidado y mantenimiento del equipo.

– Consultar cualquier duda sobre la correcta utilización del equipo.

– Informar inmediatamente de cualquier defecto, anomalía o daño que pudiera apreciar en el equipo.

Observaciones

[ESPECIFICAR]

[FIRMA]

Firma de la persona trabajadora.

Fecha: [FECHA].

---

(1) Participación de los trabajadores en la selección del EPI a través de órganos consultivos correspondientes.

(2) Anexar folleto informativo y cualquier información relativa al EPI que pueda ser interesante considerar en información y formación para los trabajadores, tales como contenido, duración, quién, cuándo, cómo se imparte, etcétera.

(3) Anexar las instrucciones de mantenimiento indicando las operaciones a realizar, quién es el responsable y cuándo deben realizarse.

(4) Tenido en cuenta talla, sexo, posibles alergias, etcétera.

Registro de la entrega de equipos de protección individual al trabajador

Formulario para el registro por parte de la empresa de la entrega al trabajador de elementos de protección individual.

En [PROVINCIA], a [DÍA] de [MES] de [AÑO].

[DATOS_EMPRESA].

La persona trabajadora D./D.ª [NOMBRE_PERSONA_TRABAJADORA].

Del centro de trabajo [LUGAR_CENTRO_TRABAJO].

El trabajador/a arriba indicado, reconoce haber recibido, por parte de [NOMBRE_EMPRESA], en buen estado de conservación, obligatorios para sus funciones y puesto de trabajo, los siguientes equipos de protección individual, para dar cumplimiento a la normativa de riesgos laborales:

1. [DESCRIPCIÓN].
2. [DESCRIPCIÓN].
3. [DESCRIPCIÓN].

Asimismo el trabajador es conocedor de la obligatoriedad de su uso y responsable del correcto cuidado de los EPI, aceptando el compromiso que se le solicita de:

a) Utilizar los mencionados equipos durante su jornada laboral.
b) Consultar cualquier duda sobre su correcta utilización, teniendo cuidado en su conservación y mantenimiento.
c) Solicitar un nuevo equipo en caso de pérdida o deterioro del mismo.

[SELLO_Y_FIRMA_EMPRESA]

La empresa.

Nombre del trabajador: [NOMBRE_PERSONA_TRABAJADORA].			
Cargo que desempeña: [GRUPO_PROFESIONAL].			
Área de trabajo: [ESPECIFICAR].			
Elemento de protección entregado y cantidad [ESPECIFICAR].	**Fecha de recepción** [FECHA]	**Fecha de devolución** [FECHA]	**Recibí conforme** [FECHA]
1.- [ ].			
2.- [ ].			
3.- [ ].			
4.- [ ].			
5.- [ ].			
6.- [ ].			
7.- [ ].			
8.- [ ].			
9.- [ ].			
10.- [ ].			
11.- [ ].			
12.- [ ].			
13.- [ ].			
14.- [ ].			
15.- [ ].			
16.- [ ].			
17.- [ ].			
18.- [ ].			
19.- [ ].			

Con la firma del presente documento, el trabajador se compromete a mantener los elementos de protección personal en buen estado y declara haberlos recibido de forma gratuita.

[FIRMA]

D./D.ª [NOMBRE_PERSONA_TRABAJADORA].

Documento de consulta de equipos de trabajo con representantes de los trabajadores y encargados de prevención

En cumplimiento de los arts. 16.2.a), 33 y 36 de la LPRL, cuando se realice la adquisición de equipos de trabajo que pudieran tener repercusión en las condiciones de trabajo y, por tanto, en la seguridad y salud de los trabajadores deberá realizarse **consulta previa**.

El presente modelo permite la entrega a la RLT y departamento de prevención de la información con carácter previo a la adquisición de maquinaria o equipos de trabajo.

En [PROVINCIA], [DIA] de [MES] de [AÑO].

[DATOS_EMPRESA].

A [los delegados de personal/al comité de empresa] de [NOMBRE_EMPRESA].

Muy Sres./as nuestros/as:

Por medio del presente escrito, en cumplimiento de lo dispuesto en los arts. 16.2.a), 33 y 36 de la Ley 31/1995, de 8 de noviembre, de prevención de riesgos laborales, en materia de derecho de información de los representantes legales de los trabajadores, y con carácter previo a la adquisición por parte de la empresa de [MAQUINARIA, EQUIPOS, PRODUCTOS, ÚTILES DE TRABAJO, ETCÉTERA], adjuntamos el siguiente **documento de consulta con los datos del equipo que hemos seleccionado.**

Rogándole/s se sirva/n de firmar la copia de la presente como acuse de recibo de la misma, atentamente,

[SELLO_Y_FIRMA_EMPRESA]

La empresa.

DATOS DEL EQUIPO DE TRABAJO

Centro de trabajo: [DIRECCIÓN].

Ubicación del equipo: [ESPECIFICAR].

Nombre/Clase/Tipo de equipo: [ESPECIFICAR].

Función principal: [ESPECIFICAR].

Fecha de compra: [ESPECIFICAR].

N.º de serie: [ESPECIFICAR].

Año de fabricación: [ESPECIFICAR].

Marcado «CE»: [ESPECIFICAR].

Declaración de conformidad «CE» tipo: [ESPECIFICAR].

Manual de instrucciones en castellano: [ESPECIFICAR].

Observaciones:

- [ESPECIFICAR].

- [ESPECIFICAR].

- [ESPECIFICAR]. **(1)**

Responsable unidad: [NOMBRE].

[SELLO_Y_FIRMA_EMPRESA]

La empresa.

Recibí,

[FIRMA]

[DELEGADO_PERSONAL_ O_COMITE_EMPRESA].

---

(1) Descripción de posibles riesgos sin controlar o no evitables (partes móviles accesibles, etc.).

Entrega de documentación sobre coordinación de actividades empresariales

En materia de coordinación de actividades empresariales, el empresario titular deberá (art. 7 del Real Decreto 171/2004, de 30 de enero):

1. Informar a los otros empresarios concurrentes sobre los riesgos propios del centro de trabajo que puedan afectar a las actividades por ellos desarrolladas, las medidas referidas a la prevención de tales riesgos y las medidas de emergencia que se deben aplicar.

2. La información deberá ser suficiente y habrá de proporcionarse antes del inicio de las actividades y cuando se produzca un cambio en los riesgos propios del centro de trabajo que sea relevante a efectos preventivos.

3. La información se facilitará por escrito cuando los riesgos propios del centro de trabajo sean calificados como graves o muy graves.

[DATOS EMPRESA]

ENTREGA DE DOCUMENTACIÓN SOBRE COORDINACIÓN EMPRESARIAL

[NOMBRE_EMPRESA], [DATOS_EMPRESA] en relación al centro de trabajo sito en [DIRECCIÓN], hace entrega a [ENTIDAD/EMPRESA/PERSONA TRABAJADORA AUTÓNOMA], [NOMBRE_EMPRESA] con NIF/CIF [NÚMERO], de la siguiente documentación en cumplimiento del Real Decreto 171/2004, de 30 de enero, por el que se desarrolla el artículo 24 de la Ley 31/1995, de 8 de noviembre, de Prevención de Riesgos Laborales, en materia de coordinación de actividades empresariales:

– Los riesgos propios del centro de trabajo, mediante la entrega de la evaluación de riesgos de las instalaciones generales del centro de trabajo.

– Las medidas de actuación en caso de emergencias.

– Las normas y procedimientos específicos de obligado cumplimiento en este centro de trabajo, para las actividades desarrolladas.

Mediante la entrega de los siguientes documentos:

– [ESPECIFICAR].

– [ESPECIFICAR].

– [ESPECIFICAR].

Asimismo, en cumplimiento del art. 9 *«Medidas que deben adoptar los empresarios concurrentes»*, se le recuerda su obligación de comunicar a sus trabajadores la información y las instrucciones recibidas del empresario titular del centro de trabajo en los términos previstos en el artículo 18.1 de la Ley 31/1995, de 8 de noviembre, de Prevención de Riesgos Laborales. Dicha información se facilitará por escrito en el caso de riesgos considerados graves o muy graves.

Queda a su vez informado expresamente de que cualquier entidad, empresa o trabajador autónomo que desarrolle actividades en las instalaciones de [NOMBRE_EMPRESA] debe cumplir obligatoriamente con la legislación de prevención de riesgos laborales y vigilar que sus trabajadores cumplan también con estas normas.

En [LOCALIDAD] a [FECHA].

[FIRMA Y SELLO EMPRESA]

Fdo.: D./Dña. [NOMBRE].

Cargo: [ESPECIFICAR].

Formulario genérico para la información sobre riesgos entre empresas concurrentes (coordinación de actividades empresariales)

Cuando en un mismo centro de trabajo desarrollen actividades trabajadores de dos o más empresas, éstas deberán cooperar en la aplicación de la normativa de prevención de riesgos laborales en la forma que se establece en el Real Decreto 171/2004, de 30 de enero.

INFORMACIÓN SOBRE RIESGOS EN EMPRESAS CONCURRENTES

Nombre empresa contrata: [NOMBRE_EMPRESA_CONTRATADA].
Nombre interlocutor: [NOMBRE_INTERLOCUTOR_EMPRESA_CONTRATADA].
Centro de trabajo o instalación donde afectarán los trabajos: [DESCRIPCIÓN].
Descripción de las tareas a desarrollar: [DESCRIPCIÓN].

Relación de equipos de trabajo	Marcado CE/	Declaración conformidad	Adaptado Real Decreto 171/2004, de 30 de enero	Marca y modelo	Fecha de compra	Usuario	Fecha de entrega	Fecha de reposición prevista
[DESCRIPCIÓN].								
[DESCRIPCIÓN].								
[DESCRIPCIÓN].								
[DESCRIPCIÓN].								

RELACIÓN DE SUSTANCIAS O PRODUCTOS QUÍMICOS A UTILIZAR	FICHA SEGURIDAD
— [DESCRIPCIÓN].	[ESPECIFICAR]. **(1)**
— [DESCRIPCIÓN].	[ESPECIFICAR]. **(1)**

RIESGOS ESPECÍFICOS DE LAS ACTIVIDADES CONTRATADAS QUE PUEDAN AFECTAR A TERCEROS PRESENTES EN EL CENTRO DE TRABAJO

1.- RIESGOS RELACIONADOS CON LAS CONDICIONES DE SEGURIDAD (2)

– Caídas a [DISTINTO NIVEL_MISMO NIVEL_DE OBJETOS EN ALTURA_ DE OBJETOS EN MANIPULACIÓN_ DE OBJETOS DESPRENDIDOS].

– Choques contra [OBJETOS MÓVILES_OBJETOS INMÓVILES].

– Cortes por [OBJETOS_HERRAMIENTAS].

– Golpes por [OBJETOS_HERRAMIENTAS].

– Atrapamientos por [OBJETOS_VUELCO MÁQUNAS_VUELVO VEHÍCULOS_ ATROPELLOS].

– Contactos [TÉRMICOS_ELÉCTRICOS].

– Incendio.

– Explosión.

– Otros: [ESPECIFICAR].

CONDICIONES QUE PRODUCEN SITUACIÓN DE RIESGO (3)	MEDIDAS PREVENTIVAS (3)
– [DESCRIPCIÓN].	– [DESCRIPCIÓN].
– [DESCRIPCIÓN].	– [DESCRIPCIÓN].

2.- RIESGOS FÍSICOS

– Vibraciones.

– Ruido.

– Radiaciones ionizantes.

– Radiaciones ionizantes.

– Otros: [ESPECIFICAR].

CONDICIONES QUE PRODUCEN SITUACIÓN DE RIESGO (3)	MEDIDAS PREVENTIVAS (3)
– [DESCRIPCIÓN].	– [DESCRIPCIÓN].
– [DESCRIPCIÓN].	– [DESCRIPCIÓN].

3.- RIESGOS QUÍMICOS
– Exposición/contacto con sustancias [TÓXICAS].
– Exposición/contacto con [NOCIVAS].
– Exposición/contacto con [CORROSIVAS].
– Exposición/contacto con [IRRITANTES].

CONDICIONES QUE PRODUCEN SITUACIÓN DE RIESGO (3)	MEDIDAS PREVENTIVAS (3)
– [DESCRIPCIÓN].	– [DESCRIPCIÓN].
– [DESCRIPCIÓN].	– [DESCRIPCIÓN].

4.- RIESGOS BIOLÓGICOS
– Agente biológico grupo [NÚMERO].

CONDICIONES QUE PRODUCEN SITUACIÓN DE RIESGO (3)	MEDIDAS PREVENTIVAS (3)
– [DESCRIPCIÓN].	– [DESCRIPCIÓN].
– [DESCRIPCIÓN].	– [DESCRIPCIÓN].

5.- OTROS RIESGOS
– [DESCRIPCIÓN].

CONDICIONES QUE PRODUCEN SITUACIÓN DE RIESGO (3)	MEDIDAS PREVENTIVAS (3)
– [DESCRIPCIÓN].	– [DESCRIPCIÓN].
– [DESCRIPCIÓN].	– [DESCRIPCIÓN].

ACTIVIDADES O SITUACIONES POR LAS QUE SE PUEDAN AGRAVAR/MODIFICAR LOS RIESGOS INDICADOS EN APARTADOS ANTERIORES
– [DESCRIPCIÓN].
– [DESCRIPCIÓN].

En [LOCALIDAD], a [FECHA]

[FIRMA] [NOMBRE_RESPONSABLE_EMPRESA]	[FIRMA] [NOMBRE_RESPONSABLE_INTERLOCU-TOR_EMPRESA_ CONTRATADA]

(1) Indicar si se adjunta ficha de seguridad.

(2) A modo de ej.: consignar los riesgos existentes.

(3) Para cada riesgo identificado asociar descripción de condiciones para que se produzca y medidas preventivas asociadas.

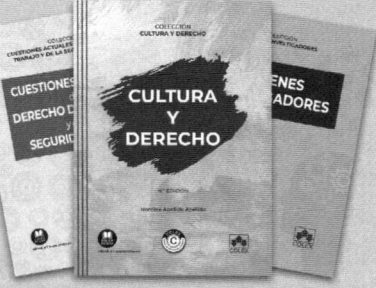